堀江貴文

Takafumi Horie

自分のことだけ考える。

無駄なものにふりまわされないメンタル術

ポプラ新書
146

「あなたに問いたい」はじめに

「自分のことだけ考える。」

これが、本書のタイトルだ。

編集者らが僕の言動を見てつけてくれたのだが、悪くないタイトルだろう。

さて、ここであなた自身に問いたい。

「本当に、〝自分のことだけ〟考えて、生きていますか？」と。

こんなことを言うと「また堀江が自己中心的なことを言っている」と思われるだろう。投げかけられる反論なんて、おおよそ予想できる。

「〝自分のことだけ〟考えるだなんて、ホリエモンだからできる生き方だ」
「普通のビジネスパーソンには、到底無理な話だろう」
「〝自分のことだけ〟考えて生きることができたら、世話はないよ」
「そんなの利己的すぎて、敵ができるだけじゃないか」

でも、よく考えてみてほしい。言わせてもらえば、〝自分のことだけ〟考えて生きない、だなんて「おこがましい」としか思えない。

〝自分のことだけ〟考えて生きる、という言葉に込めた思い——。
それは表面的に「自己中心的」「利己的」に生きる、という意味ではない。

つまるところ、僕らは「自分のことだけ考えて」生きるしかないのだ。
人は「自分のことだけ」に集中して、生きるしかないはずだ。

だってそうだろう。
他人の心や行動を、コントロールできる人なんていない。
ビジネスがアイデアがうまくいくかなんて誰にもわからない。
天災や景気を言い当てられる人もいない。
1秒先の未来だって、誰にもわからない。

だとしたら……。
自分が「正しい」と信じることを、やるしかない。
自分が「必要だ」と感じるものを、手に入れるしかない。
自分が「後悔しない」と言える、好きな道を行くしかない。
自分が「こうだ！」と決めたことを、努力し続けていくしかない。

もちろんその結果、失敗するかもしれない。
もしかすると、誰かに裏切られるかもしれない。

さらに言えば、大きな損失を負う羽目になるかもしれない。

でもそれは、自分の責任だし、失敗したってそのとき反省して　また自分を信じて真剣にやるだけだ。

そう、だからこの本であなたに伝えたいのは「他人や、ほかのことに言い訳をつくるな」ということだ。

でもほとんどの人は、まるで反射のように「できない言い訳」を考えてしまう。だから、ポプラ新書の『好きなことだけで生きていく。』や『多動力』（幻冬舎）などで、「行動しろ」「やってみろ」「一歩踏み出せ」「手をあげろ」……。言葉を尽くしてさんざん伝えたつもりだけれど、実際にアクションをおこしてくれた人は、まだまだ多くない。

本書にはそうした「思い込み」「常識」「言い訳」などを振り払って、今すぐ前に進んでほしいという願いを込めた。

そのために「メンタルを変えること」に特化した本だ。

自分のやりたいことにブレーキをかけてしまっている人が、まずは意識、考え方を変えるきっかけにしてほしい。


それに、現代を生きていると、本当に「無駄なもの」が多い。

無駄なものは、僕たちから時間や気力などの大事な資源を奪っていく。

それが現代社会の不合理なところだ。


だからあなたには、そんなものをうまく遠ざけて、心をフラットにして生きてほしい。たとえば「他人の正義感」「妬《ねた》み嫉《そね》み」「感情論」「慣習」「駆け引き」「嘘」……。

これらにふりまわされて時間を浪費するほど愚かなことはない。僕にも、そしてあなたにも、そんな時間はないはずだ。

そして悲しいかな、いわれのない悪意や誹謗中傷に負けてしまう人もいる。

パワハラ、セクハラ、大人のいじめ、うつ病、自殺……。


どうか「自分のことだけ」考えて、生きてほしい。

せっかく命をこの世に享《う》けたのだから、誰だって、きちんと最後まで生きなくてはだめだ。「自ら命を絶とうとする人」なんて、本来はこの世に一人たりともいてはいけない。


もちろんこんな僕だって、今までに困難な状況はあったが、自分の信念を貫いてここまでやってきた。

僕は、自分がメンタルが強いほうだとは決して思わない。けれども自分のなかで「こう生きる」という指針があるし、「正しいこと」「人のためになると思うこと」をやり続ける意志がある。

そんな筋が一本通っているから、ちょっとやそっとのことでは落ち込んだりしないいし、傷ついたりもしない。


最後に「炎上」についても触れておこう。

本書は「炎上」も大きなテーマになっている。

今は「ホリエモン」といえば「炎上」というイメージが強いかもしれない。

けれども、これだけは理解してほしい。

「炎上しない者」なんて、この世に存在しないのと同じ。

「炎上」どころか、「無風」の状態にさらされるほうが、よっぽど恐ろしいし、人として悲しいことだと思う。


チャレンジしようとする者には、必ず批判する者がいる。

常識を打ち破ろうとする者には、必ず抵抗勢力が現れる。

そして、目立つ者は、多かれ少なかれ必ず叩かれる。

本書を読んでくれているあなたは、現状を変えたかったり、成長したかったり、何かを成し遂げたかったりする「勇気ある人」であるはずだ。序文の締めくくりに、こんな言葉であなたにエールを送りたい。

成功は逆境から始まる。

2018年3月　堀江貴文

第2章 炎上される者になれ 61

第3章 無駄なものにふりまわされない心 103

第4章 なぜあなたは緊張に負けてしまうのか？ 135

第6章 他者への優しさだけは忘れてはならない 189

カバーデザイン　FROG KING STUDIO
カバー写真　柚木大介
プロデュース　中谷大祐（株式会社アディス）
企画協力　大里善行（株式会社アディス）
倉崎雄介（株式会社スタジオライン）
編集協力　山守麻衣
校正　東京出版サービスセンター

第1章

自分のことだけ考える

01

もっと自由に生きろ。人の目なんか気にする暇はない

世間からの評価や人の目を気にするあまり「空気を読まなければいけない」と思い込んでいる人は少なくない。けれども、僕は「人の目なんか気にするな！もっと自由に生きろ！」と常に声を上げてきた。

「こんなことをしたら、人にどう思われるだろうか？」「こんなことを言ったら、変に思われないだろうか？」などと、うじうじと考えてしまう人は、結局、それをやりたいのではなくて、自分の中でやらないための言い訳を探しているだけ。本当にやりたいことなら、人の目なんか気にせず、どんな障壁があってもやってしまうはずだ。

例えば、丸1日何も食べていなくてお腹がペコペコだったとしよう。それで目の前にご飯が出てきたら、誰だって、何も考えず食べるに違いない。

それと同じで、心の底からやってみたいことであれば、やってみればいいし、周囲に引き止められても押し切るくらいでないとダメだ。

人がやっていないことをやったり、人が言わないことをあえて言ったりすると、それを面白く思わない人は必ず出てくる。でも気にすることは一切ない。

今はSNSなどで誰でも簡単に情報発信ができる。

ちょっと人と違った意見を言ったり、他の人がやらないことを始めたりすると、ツイッターのフォロワー数が減ったり、知り合いがフェイスブックで自分の悪口を書いているのが目に入ったりすることだってある。

けれども、そんなことは関係ない。誰だって人と価値観や考え方が合わなくて、ツイッターのフォローを外すことはあるし、「悪口」ともとられかねないことを軽い気持ちで文字にしてしまうことだってある。

そんなことにいちいち過剰反応していたら、1ミリも前に進めない。

だから僕は、他人の反応なんてまったく気にしないことにしている。

重要なのは「自分がどう言われるか」「どう思われるか」ではなくて、「自分が何をするのか」「それによって何が変わるのか」ということ。

価値のあること、信念を持てることなら、人の目は気にせず、ぐいぐい前に進んだほうが絶対「勝ち」だし、面白い。自由に生きたいと願うなら、常にそんな心構えでいてほしいと思う。

02

自分がコントロールできるのは自分の心だけ

東大時代、居酒屋で寮の仲間から囲まれて散々怒られたことがあった。誰かの言葉を聞いて、「そんなの意味ないでしょう。馬鹿なんじゃない？」と僕が指摘したところ、皆から「堀江は人の気持ちがわからなすぎる」と糾弾されたのだ。

僕は「人の気持ちなんて、わかるわけがない！」と言い捨てた。それは、皆の中に、いかにも僕らしい台詞として長く記憶に残ったらしい。かくいう僕もそのことをよく覚えている。

「堀江は人の気持ちがわからない」――。

この批判は、僕に向けられる代表的なもののひとつだ。以前はそのことを気にしたこともある。けれども今では、ほとんど気に留めていない。

ライブドア事件後、「人の気持ちはわからないけれども、わからないなりに試行錯誤してわかろうと努力したほうがいい」とも思うようになった。けれども「人の気持ちがわからない」という認識は変わっていない。

僕は本音をストレートに言うタイプだが、もちろんそうではない人もいる。

多くの人は心に鎧をまとっていて、人との間に一定の距離を持ち、簡単には本音を出さない。ただし、そういう人も酔っ払ったときなどに本音がポロッと出ることがあって、「えっ、そんなふうに思ってたんだ」と驚くこともある。たとえ一緒に暮らしている夫婦だって、本当のところはお互いを理解できないはずだ。「人」は「自分」ではないのだから、わからないのが当たり前なのだ。

2006年1月、僕は証券取引法違反の容疑で逮捕され、その後、長野刑務所で服役した。この間、僕はマスコミから集中砲火を浴びた。いわれのない批判や捏造記事、ゴシップが次々と世に広まっていった。

人によっては、皆して「僕をいじめている」と見ることもできるだろう。しかし、僕はそうは思わなかった。「馬鹿なことやってるな」「こいつら他にやることないのか」。それぐらいにしか感じなかったのだ。

誰だって自分がいじめられていれば、悲観的に思うだろう。でも、人の本心はわからないし、人をコントロールすることもできない。だから、その状況を変えることはほぼ不可能だ。けれども自分の心はいかようにもコントロールできる。

自分の心次第で同じ状況も見え方が違ってくる。

そういうポジティブな思い込みの能力が、ときには必要だ。

僕の場合は、いつもこう思っている。

「人が裏切るのは当たり前。でも、人は信じる」

つまり「期待はしないけれども、信じて、いい結果が得られたらラッキー」、それくらいに思っている。

裏切られれば、当然腹は立つけれど、そういうときは楽しいことをやってストレスを発散したり、別のことに集中したりして忘れるようにしている。

これは、仏教の言葉で言えば、「諸行無常」というところだろうか。

僕は「世の移り変わりに身を任せ、流れに逆らわない」という姿勢をいつも意識するようにしている。

03

感情で判断したら、負け

日本語の独特な言葉のひとつに「空気を読む」というものがある。

僕が逮捕されたときも「堀江は空気を読んでいなかったから、ああなったんだ」なんて言われたことがある。空気を読むべきか否かということについては、一長一短があるだろう。

確かに僕が空気を読める人間であれば逮捕されなかったかもしれない。けれども逆に言えば、空気を読まないからこそ、今の自分があるとも言えるのだ。

ただ、僕は「空気を読む」に代表されるようなくだらない感情論にふりまわされると本質を見誤るし、損すると捉えている。

僕自身、人間だから感情で判断することはある。「感情を完全に排除する」というのは誰だって難しいことだから、ちょっと感情的になっているなと思ったときは、そこから２割、３割、感情を割り引くようにすると、冷静な判断ができるようになるはずだ。

以前、東京大学先端科学技術研究センターの中邑《なかむら》賢龍《けんりゅう》教授が主宰している「異才発掘プロジェクトＲＯＣＫＥＴ」で、講演をしたことがある。

このプロジェクトには、「志ある特異な（ユニークな）才能を有する子どもたち」が集まっているのだが、基本的には「空気が読めない子」が多いのだ。

ある中学生の子は、僕が話している最中だというのに、急に外に出ていってしまった。ようやく戻ってきたかと思うと、突然「ところでおじさん、何やってる人？」と尋ねてくるではないか。

僕は「ホームページ見て！」とひとこと言って、話を続けた。感情に流されるまま、怒ったり注意したりして対応するのはよくないと思ったからだ。

もちろん、僕もそんなに人間ができているわけじゃないから、瞬間的にムッとはする。けれども、自分が不快になったからといって、それをストレートに相手に返すのは建設的じゃない。ましてや、相手は年端もいかない子どもだ。

僕のためにも、その子のためにも、他の子どもたちのためにも、「ホームページを見て！」と伝えるのが最良の方策だと判断した。感情や情動に突き動かされて行動するばかりでは、動物と同じになってしまう。最終的に、争いしか生まれないだろう。大事なのは、感情ではなくロジックだ。

04

嫉妬したら、負け

強硬な政治姿勢から「鉄の女」と呼ばれ、1979年から90年までイギリスで首相を務めたマーガレット・サッチャーは、こんな名言を残している。

「金持ちを貧乏にしても、貧乏な人は金持ちにならない」

サッチャーが首相になった当時のイギリスは、行きすぎた福祉政策や労働争議、基幹産業の国有化などによって、経済が活力を失い、イギリス病と言われる不況に悩まされていた。

そこでサッチャーは、それまでの福祉優先の政策や政府による過剰規制を廃し、経済を活性化しようと試みた。しかし、サッチャーが推し進めようとしていた改革は、左派から「金持ち優遇策」として批判され、それでサッチャーは先の言葉を述べて、自らの正当性を訴えたのだ。

そもそも、金持ちが金持ちになれたのは、基本的には「お金を稼ぐ能力を持っていた」から、と言える。貧乏人が金持ちになるためには、お金を稼ぐ能力を身につけなければならない。

ところが、多くの人は、能力のある人の足を引っ張ることで満足して、それでおしまい。それでは到底、生産的とは思えないが、なぜそんなことをするかというと、「嫉妬」と呼ばれるものがそうさせているのだ。

「嫉妬」というのは厄介なもので、自分では気づかないうちに芽生えてくる。例えば、数年前にＡＫＢ48の『恋するフォーチュンクッキー』という楽曲が流行した。このとき、企業や自治体による「踊ってみた」動画が多数公開され話題になったが、あまりにも流行っていると、「何だよ、ただの真似じゃないか」なんて冷めた見方をする人も多くいた。ただ、それって結局は「流行しているものに対する嫉妬」からきているのではと思うのだ。

何かが流行したときには、「何だよ！」などと思わずに、「どうしてこんなに流行っているのか？」と考えるべきだ。『恋するフォーチュンクッキー』が大流行したのは、秋元康《あきもとやすし》さんの確固たる狙いがあったからだと思う。

楽曲が発表された当初、ＡＫＢのメンバーは、メロディーに不満があったそうだ。ところが、秋元さんは、リリース前から「絶対に流行る」「ファンの皆はもちろん、多くの人が踊ってくれる曲になる」と語っていたという。秋元さんのアイデアは、わざと振りつけを盆踊り並みに簡単にして、誰でも踊れるようにした点にあったと思えてならない。

簡単にできそうであれば「自分たちでも踊ってみよう」という人たちは現れるもの。今は、ソーシャルメディアが発達しているから、すぐ拡散できるのだ。実際、秋元さんの思惑通りになったし、AKBのメンバーたちも楽曲が好きになっていったとあとから聞いた。

だから、やっぱり秋元さんはすごい！

とはいえ、何かが流行しているときに、斜に構える人は、結構多い。

ユーチューバーが流行り始めたときだって、世間の大人たちの反応は「子どもも向けばっかりだし、大して面白くないじゃん」というものが多かった。

そうは言っても、ユーチューバーが流行っているのは事実だし、中には莫大なお金を稼いでいる人もいる。

「何だよ！」なんて言って斜に構えていると、自分のほうが立場が上になったように錯覚するから、気はラクになるかもしれない。でも、それで得することなんて何もないのだ。

僕の場合は、『恋するフォーチュンクッキー』が流行ったときに、秋元さんサイドからオファーがあり、自分でも踊ってみて「面白いな」と感じた。ユーチューバーのブームがおきたときも、ユーチューバーの代表格であるHIKAKINくんとすぐに会って、仕事をした。

斜に構えた段階で、その人はもう「負け」。

自分にできないことをやっている人を見て、嫉妬したら「負け」。

何事も学びのチャンスだと思い、自分に取り入れられることを見つけたほうがいい。

人の成功に嫉妬することの無意味さを、肝に銘じてほしい。

05

「自分の幸せ」の追求を「周りの幸せ」につなげる

自分の好きな仕事に心血を注げることほど幸せなことはない。さらにその仕事が、「周りの幸せ」につながれば、言うことはないだろう。

ありがたいことに、僕が今まで携わってきたプロジェクトは、ほとんどが自分で選んだものであり、主体的にかつ積極的に関わってきたものだ。それらは、ほんの1ミリでも「社会をよくすること」につながってきたと自負している。

今のあなたは、どうだろうか。

あなたの幸せの追求が、誰かを幸せにしているだろうか。


僕は今、「胃がん撲滅プロジェクト」という大きな計画に携わっている。「自分もそうだし、仲のいい人が『予防できる病』で死んでしまうって、アホらしい」。そんな考えが発端だ。そもそも僕が「予防医学」に興味を持ったのは、かかりつけの歯科医との会話だ。その歯科医は名医だけれど、話が長い。治療は5分、そのあと50分くらい「歯周病は予防できる病気」というようなレクチャーをしてくれる。

考えてみれば、ITに素材技術、スマートフォン革命。技術革新はあらゆる分野でおこっている。これまで治療できなかった病気だって、治せるようになるかもしれない。

「医者でない僕でもできることって何だろう」と突き詰めて考えた結果、「医療ビジネス」の分野で尽力したいと思うようになったのだ。

そして仲間たちにそんな話をしたところ、賛同してくれる人が多く「予防医療普及協会」という組織をつくることになった。今では胃がんの撲滅をはじめ病気予防の啓発にまつわる活動に奔走している。

はっきり言って、その動機は「ビジネス欲」じゃない。

単にお金を稼ぎたいだけなら、もっと効率のよい方法はいくらでもある。でも、採算がとれないかもしれないような試みに愚直に取り組んでいるのは、僕の心の奥底に純粋な思いがあるからだ。

「僕は幸せ。そして、周りが幸せだともっといい」

知的好奇心に導かれて、楽しみながら追求した事柄を、周囲に広めたり伝えたりしていく。

周りの人たちが、よりハッピーになっていく姿を確認する。

そんな循環の中に身を置けることは、とても幸せなことだと感謝している。

「今の自分の仕事が、他人をどのように幸せにしているのかまったく見えない」

高給をもらっていても、そう嘆く人は多いことだろう。

そんな人こそ、まず「自分の幸せを追求する」ということを念頭に置いてみてはどうか。気づくことがきっとあるはずだ。

幸せの基準というのは、自分で決めるべきものだ。

そして、あなたが幸せの基準について考えるとき、「自分」を軸に置くことはもちろんだが、それが後々周囲にどんな影響を与えるかも、基準のうちに入れてほしい。「自分の幸せをとことん突き詰めた結果、周囲も幸せになる」というサイクルほど、人の心を安定させてくれるものはない。

06

不真面目になれ、生真面目になるな

「不真面目になればいい」と僕が言うと、しかめっ面をする人がいるかもしれない。なぜ、「不真面目になればいい」という僕の提言に違和感を覚えるかというと、その理由は学校教育にある。

今の日本の学校教育は「画一的な知識を子どもたちに詰め込む」という趣旨のものだ。知識だけならともかく、道徳のような価値観まで画一的に押し付けている。子どもたちは学校で「真面目であること」を強要されるのだ。

ひと頃流行った「ブラック企業」という言葉が、今は一般化している。長時間労働や休日出勤、残業代未払いなどを会社から強要され、「何でこんなつらい思いをしなければならないのか？」と嘆いている人が大勢いた。

僕がツイッターで「嫌だと思ったら辞めればいいのでは？」とつぶやいたら、「辞めるに辞められない弱い立場というのもある」などと、しつこく食い下がってくる人が多くて辟易した。でも、冷静に考えてみてほしい。「辞めるに辞められない弱い立場」なんて、実際はない。

いったいどこの国の、いつの時代の話をしているのかと不思議でならない。自分が嫌だと思ったら、自由に辞めればいいのだ。

中には「辞めて、次の選択肢がなくなる怖さもありますよ」という反論があった。そんな人には「だから付け込まれるんでしょ」と指摘したい。

僕から言わせれば、「ブラック企業だ」などと文句を言いながらも会社を辞めない社員が多いから、会社のほうがつけ上がってブラック企業になるのだ。ではなぜ、多くの人がブラック企業を辞めないのかというと、それは「生真面目」だから。学校教育の弊害で「会社では皆と同じように、真面目に働かなければならない」と洗脳されているから、会社を辞められないのだ。

僕は次のようなツイートもした。

「嫌だと思ったら辞めればいいのでは？　辞めるの自由よん」

すると、こんな反論がきた。

「真面目な人は辞められないし責任を感じて自殺する、ってのをコイツは理解することと無いんだろうな。」

世の中の人は、本当にここまで「真面目」なのか？　あまりの価値観の違いに驚いた僕は、次のように返しておいた。

「不真面目になればいいじゃん！　死ぬよりマシでしょｗ」

だってそうだろう。真面目でいるせいで、責任を感じて自殺してしまうくらいなら、不真面目になって生きるほうが、どう考えたって正解だ。

ブラック企業にまつわる問題については「死ぬよりマシかどうか基準」で考えてみてほしい。すると、きれいごとではない自分の本音が見えてくる。


また、ブラック企業に不満を抱いている場合、真正面から戦って職場を改善していくという建設的な姿勢は、無駄。「損切り」するのが正解だ。

「こんな会社に就職するなんて、運が悪かった！」。そう思って、記憶から抹消するのがいい。それはちっとも「不真面目」な態度なんかじゃない。


建設的な未来についても話しておこう。

ブラック企業を辞めた場合、起業をするという道がある。けれどもそんなポジティブな問題提起をすると、またまた否定されるのだから驚いてしまう。

「多分、日本人の多くがサラリーマンやOLになること以外の道である起業を想像しない（あるいは、想像できない）んだと思いますよ。特別な人がするものので、自分におこせるわけないと…」

それこそ「思い込み」である。

僕はメルマガやネット上のメディアや自著をはじめ、様々なところで説いているが、起業には才能も、まとまったお金も、人脈も必要ない。

特殊なスキルだって（あるに越したことはないが）、いらないと言える。

理解し合える仲間も（もちろんいるに越したことはないが）、いなくてもOK。

走りながら人脈を広げていけばいい。

「生真面目なだけじゃ、今後はサバイブできない」「耐え忍ぶだけじゃ、会社に殺される」、そう気づいてくれる人が増えることを願っている。

07

真面目だから評価される時代はもう終わった

近年、「働き方」をめぐる事態は様変わりし始めている。「ワークライフバランス」という言葉がしきりに叫ばれ、政府が残業時間に上限を設ける動きに入るなど、社員をなるべく働かせすぎないような方向で働き方改革が進められている。

今後は、ブラック企業が淘汰される可能性だって高い。

すると、社会はどうなるだろう。

考え方によっては「ブラック企業の台頭」より、一層恐ろしいことがおこってくる。

はっきり言うと「生真面目なだけの人」が、まったく評価されない時代になる。

「生真面目な人」だからといって、クリエイティブな発想ができるわけではないだろうし、特殊な能力もないだろう。

組織への忠誠心や「生真面目さ」だけでは、いい仕事なんてできるわけがない。「生真面目なだけの人」なんて、いらないのだ。

これからの世の中で本当に活躍していくのは、多少「不真面目」でもいいから、新しい価値を生み出せる人。

成功できるのは、好きなことをとことん極めた人や、希少性の高いスキルを身につけた人だ。


僕が最近よく付き合っている人物に、アイスマン福留《ふくとめ》という男がいる。

彼の職業はコンビニアイス評論家だ。とはいえ彼に、コンビニアイスについての専門的な知識はない。

ただとにかくアイスを食べまくって「これうまいっすよ」「ほんと、うまい」ぐらいのことしか言わないのだ。

ところが、特に夏になると、テレビ番組やイベントに呼ばれて、忙しいという。そんな超ニッチなジャンルでやっていても、仕事として成立しているというのが感動的だ。

彼は職を数十回転々として37歳のときに「次はアイスマンだ」「コンビニア

イスだけを語ったら面白そうだ」と唐突に思って、アイスの評論家になったようだ。

そのアイスマン福留は、学校教育について「僕は一切、宿題はやらなかったし、勉強している人は馬鹿だと思って生きてきた」と語っている。

彼は決して真面目な男ではない。それは僕も全面的に認める。

でも彼には偉大な一面がある。

「ニッチなところを攻めて、突出した結果を出している」という点だ。

彼の「不真面目さ」がいい方向に展開した結果、彼ならではのポジションを築き、彼にしかできない仕事を成し遂げているのだ。

さらに、彼はそんな人生を楽しんでいる。もはや、言うことはないだろう。

不真面目でも「馬鹿」でも、とりあえず「いいかもしれない」「よさそうだな」と思ったら、とにかく動いてみることを僕はおすすめする。その時点で確かな答えはなくても動くと何かに当たるはずだ。

深い考えもなく、嫌なことをコツコツこなすだけの人に、明日はない。

08

いじめられたら、悩む前に逃げろ

学校の弊害のひとつに「いじめ」がある。毎日、同じ先生、同じ生徒で同じ教室に集まって、画一的な教育を受けていると、いじめをする人間が現れる。いじめに、特に理由なんてない。毎日、好きでもないのに狭い教室に閉じ込められていると、「あいつ、ちょっと変だな」と思った途端、いじめたい衝動に駆られる馬鹿なやつが出てくる。

こういうものは全世界であることで、いじめを完全になくすということはできないと思う。だから、いじめはなくすのではなく減らすという方向で考えたほうがいい。では、どうすればよいか。

答えは簡単。いじめられそうになったら受け流したり逃げたりすることだ。いじめの問題で最も深刻なのは、いじめを苦にして未来ある子どもたちが自ら命を絶つような事件があとを絶たないことだ。

いじめている子も特に理由もなく何となくやっていることだろう。さすがに殺そうとまでは思っていない。そういうものだと思って軽く受け流すことができればいい。とはいえ、いじめられている子はそれも難しいだろう。

そうであれば、学校なんて行かなければいい。別の学校に行ってもいいが、そもそも僕は「義務教育を受ける必要はない」と思っている。「学校に行かなければならない」と思い込んでいるから、絶望してしまうのだ。

「集団生活」なんて学ばなくても人は生きていける。協調性が必要だと言う人もいるかもしれないが、気の合わないやつと合わせようとしてもストレスの元になるだけだ。学校に通わなくたって、何人か気の合う仲間さえできれば、それでいいではないか。今はＳＮＳなどで仲間は見つかるのだ。

学校や義務教育は、ネットもスマホもない時代に、知識を学ぶために仕方なくつくられた単なる仕組みなのだ。教育費補助の仕組みさえあれば、教育を自由に民間企業に任せてもいいだろう。

同じことは会社にも言える。終身雇用のような旧態依然とした価値観で人々を洗脳し、縛りつけるから過労死のような問題も生まれるのだ。

会社に所属しなくても、クラウドソーシングのような仕組みを利用すれば、フリーランスで仕事はいくらでもとれるはずだ。

09

執着心は旺盛たれ！

成功した人は皆、執着心が旺盛だ。例えば、幻冬舎の見城徹《けんじょうとおる》さんは執着心の塊のような人で驚かされる。見城さんの仕事のスタイルは、面白い人だと思ったら、すぐに会いに行き、絶対にモノにするというものだ。見城さんのエピソードで一番有名なのが尾崎豊《おざきゆたか》さんとの親交だろう。

そもそも見城さんが尾崎さんのことを知ったのは、角川書店時代に街を歩いていてレコード店からたまたまノリのいい音楽が聞こえてきた。「これはすごい歌手が出てきた！」と思った見城さんはレコード店に入って店員に歌手と曲名を教えてもらった。それが尾崎さんの「Scrambling Rock'n' Roll」だ。「尾崎さんと仕事をしたい」と強く思った見城さんは、すぐに彼の所属事務所を調べて連絡をとり事務所の社長と面会する。すると「あなたで7社目です」と言われた。それでも何とか仕事をモノにしたいと思った見城さんは、とにかく尾崎さんの歌を四六時中聴いて、コンサートにも通い詰め、時間をかけて気づいたことをメモしていった。見城さんはそのメモを手紙にして、事務所に「尾崎さんに渡してほしい」と何度も申し出た。まさに執念そのものだ。

そのうちに突然、尾崎さんの事務所から電話が来て、「尾崎本人が見城さんと本をつくりたいと言っている」と言われる。それでできたのが、尾崎さんの最初の著書『誰かのクラクション』だ。30万部以上の大ヒットとなった。

見城さんから学べることは、その「執着心」の素晴らしさだ。

誰かの指示で動くのではなく、自分の内発的な欲求から、人に会いに行く。そんなフットワークの軽さ、執着の仕方は、誰だって真似できるはずだ。あなたも、今日から会いたい人にアポを取り、会いに行けばいい。

では次に「誰に会えばいいのか」という問題について考えてみよう。

見城さんは編集者だから「本を出したい人」に何度も会い、アタックするという形になる。それ以外の職種の場合、会うべき人はそれぞれ異なるはずだ。

だが、共通して言えるのは「自分にないスキルを持っている人」に会うべき、ということだ。自分ができないことをより高いレベルでできる人を探すべきだ。

ある程度仕事をしていれば、自分の苦手な分野は自ずとわかるだろう。仕事で悩んだりピンチになったりしたときに頼れる存在をつくるべきだ。だから異なる能力を持つ多くの人と仲よくなり、関係を維持するのが望ましい。

それこそが正しい意味で「人脈を広げる」ことになる。

似たような業界や職種の特に秀でた技能を持つわけでもないサラリーマンが集まる「異業種交流会」に出席して名刺交換をしても、意味なんてないのだ。見城さんと並び、執着心の強さで尊敬しているのが秋元康さんだ。

僕は自分の会社を上場させてから秋元さんと知り合ったのだが、「お前らはＩＴなんて言っても大したことしてないのに、何で20代で何百億と持っているんだよ！　俺は20年も30年も寝ないで働いてゴリゴリやってきたのに！」なんて本気で怒っていた記憶がある。「すでに富も名声も得ているはずの秋元さんが、まだまだ上を目指している！」。執着心の塊のような秋元さんを見て、僕は感動させられた。秋元さんレベルの人でも執着心をキープしている。そんなメンタルがあるからこそ、ブームをつくり結果を出し続けられるというわけだ。成功したければカッコつけて斜に構えている場合ではない。もっと前へ進まなければいけない。僕もそう考えている。

10

執着心を抱き続けろ！

僕はずっとビジネスをやってきた人間だから、ビジネスの世界で常に面白いことをやりたいし、多くの人に幸せになってもらいたい。

そんな思いもあって、面白い会社を見つけたら、すぐに社長に会いに行って、「出資をしたい」と持ちかけているのだが、断られることも多々ある。

というのも、「堀江さんに出資されると上場ができなくなる……」と言われてしまうのだ。確かに僕には前科があるが、前科のある人が出資していたら上場審査に通らないなんていうルールはないはずだ。

僕は会社の目利きには自信があって、今、ミドリムシを活用したバイオ燃料の開発で注目を集めているバイオベンチャーのユーグレナは、2005年の設立時にライブドアから1000万円出資して、4000万円を貸した。設立資金のほぼすべてなので、かなり将来性に期待していた証しだ。

もともと僕はバイオファンドの構想があって、ユーグレナのプレゼンを聞いて即決で出資を決めたのだ。その後、僕の事件がおきた関係でユーグレナの株は、成毛眞《なるけまこと》さんが経営していたファンドのインスパイアに売ってしまったが、ユーグレナは2012年にマザーズ上場を果たした。

また、過去にはニュース配信アプリのグノシーからも出資を断られている。グノシーは僕が『朝まで生テレビ！』で「こんなサービスがある」と紹介したところ、ダウンロード数が一気に増えた。それでグノシーのオフィスを訪れた際「出資をしたいんだけど」と言ってみたら、例のように「堀江さんに出資をしてもらうと……」みたいに言われ、その1年後に彼らは上場した。

僕は2013年に出所してから数十社に出資を持ちかけては断られているが、そのうち上場したのが5社くらいある。目利きであることは間違いない。今後もいい会社を見つけたら、断られても「出資をしたい」と言い続けるだろう。ビジネスに執着が強い僕は、虎視眈々と社会を変える面白い会社や事業を探している。

11

「過去」とは、きっぱり決別する

悩み事を抱えている人の多くは、過去に縛られて、未来を絶望し、苦しんでいる。その罠にはまってしまうと、なかなか逃れられない。では、どうすればいいかというと、過去と決別し、今に集中することだ。

こういった相談は何度も受けているが、もはや答えはそれしかない。そうすれば、未来は自ずと切り開かれる。過去は変えられないのだから、思い悩んでも仕方がない。未来は「今」何をするかでどうにでもなるのだから、思い悩んでも仕方がない。人ができることは「今」何をするかということだけなのだ。

僕はかつて逮捕、有罪判決を受け、刑務所で服役してきた。普通なら、そんな事態に巻き込まれれば、社会から抹殺されるだろう。

ところが、僕の場合は違った。何しろ、服役中からメルマガは続けていたし、毎年のように初版数万部の本を出版していて、近年では、『ゼロ』（2013年）は43万部、『本音で生きる』（2015年）、『多動力』（2017年）は30万部、『好きなことだけで生きていく。』（2017年）は12万部を超え、ベストセラーを出し続けている。さらには、有料メルマガ「堀江貴文のブログでは言えない話」

の購読者数は現在2万人を超えているし、ツイッターのフォロワー数は300万人超にのぼる。

僕は事件前から世間を賑わしてきたが、発信力という点ではむしろ、服役を終えてからのほうが増しているのだ。なぜそうなるかといえば、取り調べや裁判、メディアやSNSなどを通じての情報発信で事件の不当性を訴え、それと同時に自分が面白いと思ったことを次々と実現してきたからだ。

「犯罪者」の汚名を着せられた過去にとらわれ、うじうじしていれば当然、こうはなっていない。「今、何ができるか?」ということだけに集中した結果、このような復活を遂げたのである。逮捕され、有罪判決を受けたからといって、テレビに出演できないということはなかったし、自分から言わなければ、正直事件のことを忘れている人も多い。世の中、そんなものなのだ。

「世紀の大事件」の張本人である僕ですらそうなのだから、大抵の人が抱えている悩み事なら、大したことはないはずだ。

そんな気持ちなら、何でも乗り越えられそうに思えないだろうか。

第2章
炎上される者になれ

12

「理解されたい」なんて思わない

僕は、『本音で生きる』という本を上梓しているくらいなので、常に本音で発言している。そうすると、必ずつきまとうのが「炎上」である。

「堀江さんを見習って、SNSで本音を言ったら炎上してしまいました、どうしてくれるんですか?」という「クレーム」が時々来るのだが、僕からの回答はこうだ。

「いいんじゃないの、炎上して」

僕の場合は、これまでにリアルな場でも、数限りなく炎上をおこしてきたが、それでもやってこられたから全然気にならない。それと比べると、SNSでの炎上なんて、大したことではない。


僕がこれまでにおこしてきた炎上の最たるものは、2005年のニッポン放送の買収騒動かもしれない。

「ライブドア事件があっただろう」と言う人もいるとは思うが、ライブドア事件はニッポン放送の買収騒動に絡んだものだと僕は思っている。

当時、僕がインターネットとテレビの融合を視野に入れ、フジテレビの買収を構想し、村上ファンドと連携してニッポン放送株の買収に乗り出していた。ニッポン放送はフジテレビ株の22・5%を保有する大株主だった。従って、ニッポン放送の経営権を握れば、間接的にフジテレビの経営に関われるようになる。ニッポン放送の時価総額はフジテレビよりはるかに小さかったから、フジテレビ株を直接、買い占めるよりコストパフォーマンスがお得だったのだ。

このとき、僕はマスコミから強烈なバッシングを受けることになった。よく槍玉に挙げられたのが2004年に出版した『稼ぐが勝ち』である。この本から「人の心はお金で買える」「女はお金でついてきます」などと引用して、「堀江はとんでもないやつだ」というふうに叩かれた。ただ、ちゃんと読んでもらえばわかると思うのだが、僕は「金を持つだけで、自分の精神的な考え方も高みに上がります」とも書いていて、その結論を示すための比喩として書いているに過ぎないのだ。

当時のメディアの人間からすると、僕の存在によって自分たちの業界が潰される、地位が脅かされるというふうに捉えたのだろう。このときの堀江叩きは常軌を逸したものだった。それから、「堀江は既得権を荒らす反社会的な人間」という図式が整い、東京地検から逮捕される流れができていったのだと思う。

それで僕は刑務所で服役することになるのだが、出所後も遠慮なく本音で発言し、あいかわらず炎上を続けている。もちろん、炎上したくないということであれば、黙っているのが一番。しかし、それでは生きている意味はない。だから、僕はこれからも炎上を恐れず、どんどん本音で発信していきたい。

僕に対する批判は多いが、僕の発言は「社会のために役に立つ」という視点から一度もぶれたことはない。

13

炎上は、コスパがいい

炎上の効用として「コスパのよさ」が挙げられる。

炎上すると、情報がとにかく拡散するのだ。僕が何となく思いふとツイートしたものが、瞬時に数百万人の目に入る。ときに非難の声が巻きおこるが、それは大勢の人の貴重な時間をもらっているともいえる。そして、何より人の記憶に残る。

『「なんで保育士の給料は低いと思う?」低賃金で負の循環』（朝日新聞デジタル）という記事に対して、「誰でもできる仕事だからです」とツイートしたところ、僕への非難が殺到、「大炎上」した。

批判の内容は「そんなに言うなら1カ月保育士をやってみて」「国家資格が必要だから誰にでもできるわけじゃない」といったものなど様々……。「保育士」という仕事を馬鹿にしていると、僕の発言を「曲解《きょっかい》」した人が多かった。当然の話だが、僕は「保育士」を蔑視したかったわけではない。ここでちょっと整理をしてみよう。

保育士の仕事を定義すると、「誰でも（やろうとしたら大抵の人は）できる（大変かもしれない）仕事」といえる。

確かに、「誰でもできる仕事」のひとことだけだと、誤解を招きやすいかもしれない。

けれども、「誰でもできる」から「ラクな仕事」ということではない。

僕の言う「誰でもできる仕事」をかみ砕いて説明すると、「誰でも、やろうとしたら大抵の人はできる、大変かもしれない仕事」だ。

でも実際のところ「誰でもできる」からこそ、仕事としての希少性が低く、給料も低いという残念な構図になっている。

「仕事が大変」で「誰でもできる」が「低賃金」のため「人手不足」。

保育士だけに限らず、例えばコンビニやスーパーの店員などが、その典型だろう。

とはいえ、誤解しないでほしい点がある。

「保育士の仕事が大変、だからもっと給料を上げるべき」

そんな短絡的に、物事はいかないという点だ。

なぜ保育士の給料が上がらないのかというと、非常にシンプルな話だが「保育士にお金を出そう」と思う人が少ないからだ。単純な話、できることなら保育士にはなるべく「お金を払いたくない」。だから「保育士にお金が回らない」という図式になっている。

補助金を増やし、保育士の給料に還元するという方法があるかもしれない。しかしそれは現実的には難しい。「給料を上げる」という面から見ると、何も解決しない。

さらに、議論を盛り上げたくて、こんな硬いツイートもした。

「これ以上保育への補助金を増やすって話になると、子育て家庭の受益者負担では絶対無理だし、結局世代間での所得移転的な税負担になるので、政治的には非常にハードルの高い話になるよね。それもいま保育士が食い詰めてるのなら別だけど食い詰めてるわけでもないからね。」

そこで僕が提示したいのは、「業務の効率化」だ。給料を高くしたいなら業務を効率化すればいい。

以前、ユーチューブ「ホリエモンチャンネル」の企画で「まちのこども園・まちの保育園」を取材させてもらう機会に恵まれた。

そこでひとつ例として挙がったのが「壁面飾り」。伝統的な仕事として保育士さんが勤務外につくっていると聞くと、「こんな無駄なこと本当に必要？」と思ってしまう。

代わりに、子どもたちの日常の様子を写真やスライドショーで見せるようなスペースにしたらいいのではないかと、単純に思いつくようなものだが。

とにかく現状の思考停止状態から脱却して、無駄を省くことを第一に考えてみればいい。まずはこの辺の改善からだ。

また、保育士で高給を取りたいなら、他の保育士に真似されにくいサービスを展開するなり、「ＣｔｏＣ（個人間取引）」のサービスに登録するなど、まだ工夫とチャレンジできる部分は大いにあると思う。

保育士だけの話ではないが「誰でもできる仕事」で大変な仕事はたくさんある。そういった仕事は、これからも、給料はなかなか高くはならないだろう。そして格差はどんどん開く。例えば同じタクシードライバーにしても「効率のよいデキる運転手かどうか」で、稼ぎには雲泥の差が出る。

そんなとき、いったいどうすればよいのか。僕が本当に問題提起したかったのはその点だ。今回の「炎上」では、そこに気づいてくれた人も、少なからずいた。こういうしっかりとした議論、問題提起になるなら、炎上は大歓迎。

だから炎上はコスパがいい。

14

それでも炎上したくない人へ

ここまで僕は「炎上のすすめ」を説いてきたが、「それでも炎上は怖い」という人もいるだろう。

しかし、今の時代、炎上が怖いからといって、SNSなどで情報発信をしないというのは損だ。SNSの中でもインスタグラムやユーチューブは炎上しにくいから、「炎上が怖い」という人も安心して使えるのではないかと思う。僕は元SMAPの3人にもインスタグラムとユーチューブをすすめた。

ご存知の通り、SMAPは2016年をもって解散したが、2017年9月に稲垣吾郎《いながきごろう》さん、草彅剛《くさなぎつよし》さん、香取慎吾《かとりしんご》さんの3人が事務所を退所し、新たな活動を始めている。

早速3人は、サイバーエージェントが運営するインターネット放送局AbemaTVの『72時間ホンネテレビ』に出演した。3人がそれまでは活用していなかったSNSを始めるということで、僕がSNSの使い方についてアドバイスをするという形で共演させてもらった。

SNS初心者の香取さんは、ツイッターについて「ひどいことを言われたり、気になったりしないですか？」などと心配そうだったが、僕は「慣れるのが大事」「気をつける方法……ないです。何で炎上するかは予測できない」とレクチャーした。

ただ、香取さんほどのスターが僕のように炎上ばかりというのは、なかなか厳しいとも思ったので、炎上しにくいインスタグラムやユーチューブもすすめた。ツイッターの場合はフォローしてくれるファンの人以外が、リツイートでネガティブな情報を拡散しやすいので炎上しやすい。一方、インスタやユーチューブには、そういう機能がないので炎上しにくいのだ。

そんな説明をしたうえで、僕は「1回、ツイッターで炎上、経験してほしいですね。72時間以内に」とけしかけてみたのだが、香取さんは「いらないです！」というふうに戸惑っていた。だが、「ポジティブな炎上もありますよ」と向けると、草彅さんが「目指しましょうよ、ポジティブな炎上を」と乗ってくれて、いい雰囲気になった。

僕が言う「ポジティブな炎上」とは、皆が知るべきことが正しく広まったり、建設的な議論のきっかけになったり、自分の信念を嘘偽りなく自分の言葉で伝えることができたりと、結果的に物事が前に進む炎上だ。そんな炎上なら何も怖がることはないし、むしろ炎上を歓迎すべきだ。

この番組での共演を振り返ると、「時代は変わったんだな」と思えて感慨深い。あの香取さんが自撮りで僕と一緒に写真を撮ってくれ、しかも、それを普通にツイッターにアップするのだ。「エー！　大丈夫？」と、こっちまでドキドキしてしまった。

3人が現場でとてもイキイキとしていたのが印象深い。自由に生きるのは何かと大変だけれども、楽しいのも事実なのだ。

15

無視されるぐらいなら、さあ嫌われよう

炎上ばかりしていると、僕に批判的な人間が増えるかもしれない。しかし、それがどうだっていうのだろう。

僕は嫌われるのが怖くない。

いや僕だって生身の人間だから、いわれのない批判や中傷はむかつくし、できる限り受けたくないが、もう何とも思わない。「はいはい、またね」という感じで受け流すようにしている。

嫌われるよりも怖いことがある――。

それは、無視されることだ。

僕が何か発言しても、何か行動しても、賛否両論も何もなく、ただただ反応がない。こんな状況になったら、僕の実業家としての力はなくなったということだろう。「面白くないやつ」「無個性なやつ」「常識に凝り固まったやつ」ということの表れだからだ。

だから僕は言いたい。

「無視されるぐらいなら嫌われよう」と。

新しいことを始めたり、常識・慣習から離れたことをすると、最初は多くの人に嫌われるかもしれない。面倒くさい抵抗にあうかもしれない。

でも、自分が正しいと、人のためになると思って行動していれば、必ず自分のことを好きになってくれる人、理解してくれる人が出てくるはずだ。

それに、何となくイメージや評判で嫌われているだけだったりしたら、会ってみると好きになってくれるケースも多々ある。これは僕が何度も体験しているから間違いない。

実際に僕と会った人から「メディアが書き立てる堀江さんのイメージと全然違いますね」と言われることが多い。

特に逮捕前はその傾向が強くて、メディアでは堀江といえば「拝金主義」「傲慢」「生意気」「自己中」などというイメージが定着していたが、実際の僕は物欲はほとんどないし「控えめ」だと言われることさえある。

たとえ炎上して悪評が立っても、実際に会ってみれば、「意外と、いい人かも」と思ってもらえるはずだ。そのギャップを楽しんでもらえればいいのではないかと思う。「嫌い」から「好き」への振り幅は大きいほど効果的だ。「嫌われている」状況は、逆にチャンスだと思えたら恐れるものはないだろう。

誰だって、皆から好かれたいし「愛されキャラ」でありたい。でも、仕事をするなら、自分の好きなことをするなら、「９割の人に嫌われても、１割の人から好かれればそれでいい」と思う。

最終的に、少数の信頼できる仲間ができれば、それで人生はうまく回っていくはずだ。

一番ダメなのが、全員に「好きでも嫌いでもない」と思われていることだと思う。それは「無個性」とも同義なのだ。これでは、何もすることができない。

この状況を打破するためには、とにかく「動く」ことしかない。

何かを成し遂げたかったら、嫌われるのを怖がらないこと。

「成功は逆境から始まる」。このメンタルでいれば、怖いものはないはずだ。

16

バランスがよくても社会では得をしない。むしろ、損する

最近、「ワークライフバランス」という言葉が流行っている。「ワークライフバランス」とは、「仕事と生活の調和」と訳され、基本的には長時間労働の是正への取り組みを意味する。今は官民を挙げて、ワークライフバランスの改善が急務だとされている。

しかし、僕が起業して仕事に熱中していたときは、そんなものはまったく関係なく、毎日のように会社に泊まり込み、食事をとるにしても時間がもったいなくてコンビニや宅配の弁当ですませることがほとんどだった。

受験勉強にハマっていたときも半年間1日14時間を勉強に費やし、見事、東大に合格できた。だから、僕に言わせれば、バランスがいいことは決していいことではないのである。

バランスがいいということは、突出したものが何もないということではないか。「可もなく不可もなく」というやつだ。どんな分野でも秀でた結果を出したいと思ったら、突出したものを持っていなければならない。バランスのいい人間は「ほどほどのもの」はつくれるかもしれないが、「ほどほどのもの」が市場で生き残れるほどビジネスの世界は甘くない。突出したところがあれば、欠落したところもあるだろう。バランスがいいとは言えないが、壁を突破するには必要なことだ。

ところが、日本の社会はそのような突出した人間をなかなか認めようとしない。日本の学校には飛び級のような制度がないし、突出しているがゆえに協調性がないとされ、排除されたりすることさえある。出る杭は打たれるのが常だ。まさに僕がそうであった。

子どもがゲームやスマホばかりやっていたら、親は心配するだろうが、その子どもが将来、好きが高じて、プロのゲーマーになったり、スマホアプリの開発者になったりするかもしれない。

子どもの頃に周囲が心配するほど異常に熱中したことがあとから考えれば大事だったということがわかることもある。僕の場合、それは、学校の成績が急降下して親を激怒させた、パソコンでのプログラミングだった。結論として、所詮バランスなんて悪くてもいいのだ。

17

「嘘も方便」がストレスをつくる

僕はストレスを溜め込まない性分だ。

空気など読まず、周りからどう思われるかなど気にせず、正しいと思ったら言いたいことをはっきり言う。

逮捕されたときだって、取調室で検事に向かって本音を吐きまくっていた。周囲の人には「検事の心証を悪くすると量刑に響く」と諭されたが、そんな余裕は僕にはなかった。僕にかけられていた容疑は論理的に完全に破綻していたのに、力ずくで押さえつけ、有罪に持ち込もうとしているのだから、納得できるはずがない。「そんなことをしたって得することはない」と思われるだろうが、今でも全然後悔はしていない。

少しでも検事の心証をよくしようと、大人しくするという選択肢を選ぶ人もいるだろうが、このあとの展開なんてどうなるかわからないという気持ちだった。

そう、僕は自分の気持ちに嘘をつくのが我慢ならない。嘘をつくと、多かれ少なかれ必ずストレスが溜まる。それが心身に悪影響を与える。あらゆるパフォーマンスが落ちる。いいことなんてひとつもない。

「嘘も方便」という言葉がある。

目的を遂げるため、相手のために、ときには嘘をついたほうがいいという考え方だが、僕は自分のため、相手のためにもあえて本音を言う。

まず相手が気づいていない場合は、そもそも言わないとわからない。そのほうが相手のためだし、結果的に自分にトラブルが降ってくるのを防げるはずだ。中途半端な言い方やその場しのぎの答えでは、あとあと重大な問題に発展することがある。もちろん、公式な場で言うと相手に恥をかかせることもあるから、それはケースによって、プライベートのときに言うこともある。

そして、何より自分にストレスを溜めたくない。

ストレスを溜めないために「嘘も方便」的なことをするという人もいると思うが、それによって「あの言い方でよかったのかな」「こちらの意図が伝わったのかな」「これで仕事がうまく進むかな」と気をもんでしまったら、結果的にストレスを溜め込むことになる。

だったら、嘘なんてつかずに言いたいことをはっきり言うべきだ。

嘘をつかない生き方は、その場では衝突や面倒がおこりがちだが、僕にとってはストレスがないほうがいいのだ。

もちろん、中傷や罵倒とは違うのだから、最低限の礼儀をわきまえたり、言ってはいけない言葉は控えるということは大人としては必要だろう。だが、言いたいことをグッとこらえて我慢しても、いいことは何もないと思う。

周囲との軋轢《あつれき》を避けたところで、誰かが褒めてくれるわけではないし、我慢をすることで自分の中にネガティブな感情が溜め込まれ、精神衛生上も悪い。

ストレスは適時、発散しなければ、溜まる一方だ。悪い思考がめぐり、間違った思い込みが生まれ、判断力も低下してしまうだろう。

言いたいことをその場で言って発散することで、ストレスをエネルギーに換えるのだ。ストレスを溜め込まず、目の前の自分のやるべきことに集中したほうがいいに決まっている。

18

良質なメンタルをつくるため6時間以上眠る

よりよいメンタルを保つためには、睡眠を十分にとることが重要だ。

睡眠が足りていると、自然と嫌なことを忘れ、すっきりとして、新たな活力がわいてくる。

僕はこのことに高校生の頃から気づいていた。だから大学受験を控え、1日14時間勉強をしていた時期でさえ、睡眠に10時間もあてていたほどだ。要は寝ている時間以外はほぼすべて勉強である。受験の世界では「4当5落」といって、「合格したければ睡眠時間は4時間にすべきで、5時間以上寝ると、落ちる」とされているが、僕から言わせてもらうと、馬鹿馬鹿しい話だ。

睡眠不足で朦朧《もうろう》とした頭で5時間勉強するより、十分な睡眠をとってクリアな頭で1時間勉強したほうが効率がいい。それからずっと、睡眠が大事という信念に変わりはない。

眠りを制する者は、仕事を制する。睡眠時間を削るとボーッとしている時間が増えるだけ。結果的に無駄が増えるため、睡眠不足なんて非効率。だからどんなに忙しいときでも、1日最低6時間は睡眠をとるよう努めている。

一方「プレッシャーやストレスで、なかなか寝られない」なんて声を耳にすることもある。その日の仕事やタスクがたとえすべて終わっていても、「考え事や心配事で頭がいっぱいで、なかなか寝つけない」なんてことがあるらしい。けれども、残念ながら僕にはそんな精神状態がまったくわからない。

なぜなら、僕はその日の課題はその日のうちにすべて解決することにしているからだ。「やり残し」はもちろん、「考え残し」もない。とにかく、その場でいったん「決めて」結論を出してしまう。

だから静かな心で眠りを迎えることができるのだ。

逆の見方をすると「よい眠りのために、昼間は全力で仕事をして、夜には仕事も考え事も残さないようにしている」。そう言えるかもしれない。

1日全力で活動していれば、肉体的に疲れて、自然と眠くなるものだ。

もちろん、僕だって悩みやストレスを抱えそうになることがある。そんなときはお酒を飲んで、その日のうちにストレス発散し切って寝ることにしている。

夜に美味しいご飯を食べながら、友達にブァーッとストレスを吐き出す。ひと通り吐き出したら、笑って楽しくお酒を飲む。お店を出る頃には、いい具合に酔っ払ってストレスのことなんて忘れている。

よく「お酒に頼るのはよくない」といったことも言われるが、お酒に頼りすぎたり、泥酔したりしなければ、お酒に頼るのは全然ありだと思う。もちろん、別にお酒でなくたっていい。運動だって、カラオケだってなんでもいいんだ。

つまり、大事なことは、昼間の活動のストレスや悩みといったモヤモヤしたものを、その日の眠りに持ち込まないこと。この意識を徹底する。それだけで、睡眠の質が上がることは間違いない。

どんなに優秀な人でも、睡眠不足ではメンタルを整えられるわけがない。まずは良質の睡眠を習慣化することで、心を強くしていこう。ストレス過多を自覚している人ほど、睡眠を薬だと思って、よく眠れるように生活を考えていくべきだ。

19

「仲間」の意味を考えてみる

僕のことを「個人主義者」と思っている人は少なくないだろう。だが、僕は決して一匹狼としてここまでやってきたのではない。仲間とともに会社を立ち上げ、上場までさせている。僕はプログラミングが得意だったから、きっとフリーのプログラマーやSEとしてもやっていけただろう。だが、その選択肢はとらなかった。

僕は社長をやっていたが、社長室は設けず、他の社員と同じフロア、同じスチール机に向かって仕事をしていた。たまたま僕は経営を専門にしており、他の社員は、プログラミングや営業や、経理を専門にしているだけで、本質的な違いはないと思っていた。だが、仲間は、孤独や寂しさを埋め合わせ、傷を舐め合うために存在するのではない。互いに能力を補完し、ひとりでは実現しない大きな夢をかなえるために集まるのだ。

そこを履き違えてはいけない。

例えば、打ち合わせや会議で、同僚やプロジェクトメンバーなどの仲間と顔を合わせたとき。仲間の発言に、ろくに考えもせず手放しに同意していないか。「いいじゃん」「それ面白そう！」など、肯定的な相槌《あいづち》は、確かに場の雰囲気を温め、盛り上げてくれる。けれども、解散したあと――。いざフタを開けてみると「ロクな意見が出ていない」「このアイデア、実際は使えない」……。そんな惨事を経験したことはないだろうか。

つまり「馴れ合い」には負の産物しかない。

真の「仲間」なら、互いに異議を唱えたり、建設的な議論を持ちかけたり、場が炎上するくらいでないとダメだ。

それが組織や社内に波及して問題点が改善されたり、社会に大きな波紋が及んで、新たなムーブメントがおこったとしたら、素晴らしいことではないか。「炎上は、前向きな議論のタネになる」、そんな意識を持てば何も恐れることはない。ぜひあなたの周りで「ポジティブな炎上」を巻きおこしてほしい。

20

熱中していないから心のエネルギーを無駄遣いする

僕はこれまで数々の炎上騒動に遭遇してきたが、僕を叩いてくる人間は心のエネルギーを無駄遣いしているな、と感じる。

人の発言の揚げ足取りをするのは、自分のやりたいことに熱中していない証拠だ。自分が熱中していたら、そんな暇な時間はないはずだ。

だから、人のふりばかり見て、あれこれ文句を言ってくるのだ。もしあなたに少しでもそんな気持ちが芽生えたときは要注意だと思う。「熱中度」が足りないサインだと思ったほうがいい。本来はそのエネルギーを、自分の好きなことに注がなければならない。

残念ながら、この日本には「自分のやりたいことに熱中できていない人」が多すぎる。古い慣習や世間体を気にしすぎて、やりたくもない仕事をしたり、したくもない結婚をしたり、必要もない人間関係を築いたり、必要のない家や車を買ったりして、一見満足した気になっている。

そんな人たちをひとりでも多く救いたいのが僕の本音だが、この根本の原因は教育制度にあると思う。

型にはまった教育を押しつけられて、「空気を読まなければならない」「皆に合わせなければならない」と思い込まされているのだ。当然そんなことばかりしていると窮屈になるが、「他の人だって同じだ。皆で我慢しよう」となる。

そんな社会を変えるための施策として、僕は「ベーシックインカム」の導入を提言し続けている。ベーシックインカムが導入され、政府がすべての国民に最低限の生活費を支給するようになったら、人々は「生活のため」と我慢していた嫌いな労働から解放され、自分の好きなことをどんどん始めることになるだろう。そうすれば、他人の揚げ足取りなどくだらないことに関心を持つ人は減り、逆に新しいことにチャレンジする人が増え、より自由で楽しい社会が実現するはずだ。

ちなみに、ベーシックインカムについては、以前から言い続けて、炎上し続けて、最近はやっと認知されてきた気がする。こうやって炎上し続けてきたものが、突然ブレイクする瞬間があるから面白い。炎上のメリットはこういうところにもある。

21

失敗を受け入れない悪しき日本の風土病

日本では職人と呼ばれるタイプの人間が評価を受けやすい。「この道一筋何十年」というように、ひとつのことを継続して極めるべし、という価値観だ。僕は別にそれが悪いことだとは思わないが、飽きっぽい性分なので、「あ、この仕事は合わないな」と思ったら、きっぱり捨てて別のことを始める。また、飽きなくても「これは極めたな」と思ったら、別のことに関心が移る。気がつくと、次から次へと新しいことをやっているのだ。

だが、僕のそういうやり方に、しかめっ面をされることは少なくない。

例えば、以前ミュージカルに出たことがあった。そうすると、世間からは「何で堀江がミュージカルに出てるんだよ！」とディスられる。選挙に出たときには、「金儲けの次は権力かよ！」とディスられる。何か新しいことにチャレンジすると、悪口を言われるのだ。僕は悪口を言われても気にならないが、普通の人は萎縮してしまうだろう。

僕が親しくさせていただいている脳科学者の茂木《もぎ》健一郎《けんいちろう》さんは、そういう日本の空気を「日本の風土病」と評していて得心がいった。僕にとっては、ミュージカルも選挙もロケット事業もその他の多くの事業も、どれも本気で取り組んできたもので、それぞれ真剣に向き合うことで得られるものがたくさんあった。そうした経験をより多く積むほうが人生は実りあるものになると僕は考えている。

僕は社会に対しても同じように考えている。問題があれば、どんどん改善していったほうが社会のためになるのではないだろうか。ところが、僕がツイッターなどで日本を変えたいと思って提言をすると、「現状のままのほうがいいです」と言ってきて、その理由を述べてくる人が必ずいる。新しいことを始める人間の足を引っ張ろうという人が大勢いるのだ。

そんなことをしたところで、何か得することがあるわけがない。要は、一歩を踏み出す勇気のない者にとって、新しいことを始める者が羨ましいのだろう。

僕も他人に対して「羨ましい」と思うことは多々ある。そんなときは、「では、どうやって勝とうか」と考えを巡らすのだ。そんなことを考えていると、実に楽しいものだ。だから、僕は「妬ましいから、引きずり下ろしたい」などと考えたことは、生涯で1秒もない。

さて、この新しいチャレンジを妨げる日本の風土病は、産業の競争力にも深刻な悪影響をもたらしている。近年、電気自動車（EV）の話題が盛んだが、法律が硬直化していて、なかなか開発が進んでいないのが現状なのだ。

日本はセグウェイすら公道は実験走行しかできないのが現状だ。そうであれば、日本の自動車メーカーも「EVを開発するにしても、海外でやったほうが効率がいい」ということになってしまうのではないだろうか。

EVと並行して自動運転の開発も熾烈《しれつ》になっているが、重要なのはなるべく多くの事故を経験し、その要因を把握し、対策を講じることだ。

例えばAIによる万引き防止システムを開発するために、万引きOKのコンビニの実験をするという考えもある。見つからずに、万引きできた客にはタダで商品をあげてしまう。その実験をやれば、AIが賢くなって半年後には誰も万引きができなくなるのではないか、って話だ。

　そして中国には「芝麻（ジーマ）信用」という、ビッグデータから各人の信用度を数字で可視化するサービスがあるが（高ければ高いほど、例えばローンの借入、仕事、シェアリングサービスの利用など、様々な信用にまつわる経済活動を有利に運ぶことができる）、コンビニの万引き防止システムに役立っているという。万引きが発覚したら、このスコアが劇的に下がるから、万引き抑止につながるのだ。ものすごく合理的ではないか。

　日本では「事故をどんどんおこしてシステムを強化する」という発想が、法的にも国民感情的にも欠けているように思う。要は、真面目すぎて、失敗を受け入れられないのだ。

「失敗しても、どんどんやってみればいいじゃん」という発想の欠如が日本の産業を蝕《むしば》んでいる。取り返しがつかなくなる前に、一刻も早くこの悪しきマインドを変革しなければならない。

第3章 無駄なものにふりまわされない心

22

考えても意味がないことは、頭から消し去る

「不安なこと」を考えないようにする技術がある。それは、常に忙しくしていることだ。僕がこの技術を身につけるようになったきっかけは、子どもの頃に感じた死への恐怖だった。

小学校1年生の秋。あれは肌寒い日だったと思う。その日、僕は学校からの帰り道で、ひとりであれこれ考え事をしていた。すると、何の前触れもなく、「僕はいつか死ぬんだ！」という猛烈な恐怖に襲われ、パニック状態になって道路にうずくまった。目を閉じると、目の前が真っ暗になり、「死」のイメージを増幅させた。

死なない方法を考えてみたが、何ひとつ思い浮かばない。死を防ぐ方法などない。無理やり、目を開け、心臓がドキドキと脈打つ中、遠くの山を眺めながら、一生懸命に他のことを考えた。

その後も、たびたび死の恐怖はやってきた。ひどいときは、頭を抱えて10分以上も唸るようなことがあった。死なない方法を自分なりに調べてみたが「寿命を延ばせても、死を避けることはできない」ということがわかってきた。

だが、大人になってから、死の恐怖から逃れることはできるということがわかった。会社を立ち上げて、忙しく働いていたとき、ふと、2年ぐらい死の恐怖に襲われていないことに気づいたのだ。

死を恐れるのは、死について考えるからだ。考えなければ恐れることもない。今も僕は寿命を延ばす方法を独自に研究しながら、常に忙しく過ごしている。僕が常に何かをやっているのは、死の恐怖から逃れるための、一種の生存戦略なのかもしれない。

そんな話をしていると、仏教に詳しい人から「瞑想修行に似ている」と言われたことがある。仏教の瞑想修行では、常に今のことだけを考えるのだそうだ。することがなくて、ボーッとしていると、心の内容について、色々と妄想してしまう。仏教ではそれを戒めているのだ。「南無阿弥陀仏」という念仏は「余計なことを考えなくするための技術」という説もあるそうだ。僕の場合は、念仏を唱える代わりに、常に仕事に没頭して邪念を追い払っている。

23

他人に期待など、しない

僕はいつも人に対して「柳に風」の態度で臨んでいる。柳が風になびくように、物事に対し逆らわない。人に裏切られたとしても、「人間ってそういうものだよね」と意に介さない。

この考え方は、ベストセラーになった『嫌われる勇気』（岸見一郎《きしみいちろう》・古賀史健《こがふみたけ》著／ダイヤモンド社）というアドラー心理学を解説した本の核心部分である「他者の課題を切り捨てよ」という思想に通じるものだ。

裏切るという行為は相手の課題なのである。だから、それは切り捨てる。つまり、考えないのだ。

「信頼」の対義語は「懐疑」だ。人を信頼して裏切られるのが嫌だからといって、対人関係の基礎に「懐疑」を置くとどうなるだろうか？　仕事仲間や友人、家族、恋人など他者を疑いながら生きることになる。だが、そういう姿勢で良好な関係を築くことはできない。そうであれば、他者が裏切るかどうかにかかわらず、人を信じて生きたほうが得だということになる。だから、最初から人に期待をしないものの、人を信用するほかないのである。

また、「人に裏切られるのが怖い」という考えは、逆に言うと、人に見返りを期待しているということになる。もっと言うと、「認められたい」「愛されたい」という承認欲求や自己顕示欲の問題につながってくる。こういうものが肥大化すると、人が離れる原因にもなったりするから厄介だ。

前述した『嫌われる勇気』にも、「承認欲求を否定する」という話が出てくる。その意味するところは、「誰かの期待を満たすために生きるのは、他人の人生を生きることである」ということだ。

僕にだって承認欲求はある。だが、子どもの頃から承認されない人生を歩んできたために、途中から「承認されることはない」という前提で生きることにしたのだ。

小学生の頃、僕はテストの点がいつも100点だったが、親から褒められたことはなかった。だから次第に親に褒められなくても、自分が満足していればそれでいいと思うようになった。

「人は他者の期待を満たすために生きてはいないだろう」ということにも気づくことができたのだ。

自分だって自分が満足するために生きている。他人も自分が満足するために生きているのだ。だから、自分の思った通りに他人が動いてくれることもないし、それに対する対処法もない。だから、あきらめるしかない。他人に期待することは無意味なのだ。

そうであれば、自分は「今の自分の人生」を全力で生きるしかないであろう。では、人から裏切られたら、どうしたらよいだろうか？

基本的には対処法はないから、忘れるしかないだろう。前に向かって進むよう努力しよう。自分を裏切った相手に対しては、笑って許すぐらいの寛容さが必要だ。人を裏切る人間は、どこの世界にもいる。「そういう人間を信用してしまった自分こそ、見る目がなかった」と思うしかないだろう。くよくよする必要はない。次から注意すればいいではないか。

24

はたして
トモダチは必要か?

2017年から大阪府の特別顧問に就任し、2025年の国際博覧会（万博）誘致に関するアドバイスをしている。大阪府は万博について「いのち輝く未来社会のデザイン」というテーマを掲げている。

ぜひ進めたいのは、寿命を延ばすテクノロジーなどを展示するパビリオンの企画だ。日本人は、より長生きができるようになってきた。だから「80歳や100歳になっても楽しく生きられる」というイメージをつくりたい。具体的なテーマは「皆が友達になる」というものだ。年を取ると同世代の人たちと集まることが多い。僕はこれが高齢化社会の問題点だと思っている。年を取っても、若者の友達がいたら、面白いではないか？　だから、実際に色々な世代が仲間になれるようなアトラクションをつくってみたいのだ。

同じ世代の人々が集まるというのは、近代になってからの習慣で、例えば、義務教育の制度によって同じ地域で同い年の人間が集団生活をするようになった。しかし、もともとの人間の社会は、あらゆる世代の人々が共同生活をしていた。だから、年齢に関係なく、様々な仲間がいるほうがむしろ自然なのだ。今は、スマホとかインターネットが普及したことで、実際に家族や会社、国などの境界がぼやけてきているのではないだろうか。

また、年齢に関係なく仲間ができるようになると、社会コストも下がるはずだ。老人性鬱や認知症の背景には、コミュニケーションの不足があると言われる。年を取ってもどんどん仲間ができるようになると医療費が減るなどの効果も期待できるはずだ。例えば、年齢に関係なく、チームを組んでリアル脱出ゲームをやってみるとか、色々アイデアを温めている。

僕個人にしても「生涯の友」みたいなものはなくてもいいと思っている。皆でワイワイやっていたほうが楽しいが、それは自分のやりたいことがあって、そのために必要な仲間をその都度、集めているだけにすぎない。信用できる人とだけ仕事をしていれば、それはそれで不安はないかもしれないが、その分、できることの範囲やスピードに制限ができてしまう。僕はやりたいことがたくさんあるから、人間関係もそれに合わせてフラットにしている。

25

他人の「正義感」はスルーする

僕はツイッターやメルマガ、オンラインサロン、ユーチューブ、起業コンサル、事業投資、ロケット開発、アプリの開発、万博のアドバイザーと、色々な活動をしている。これだけ多数のことをしていると、どうしても面倒なことを言われてしまう。しかも、大量に。

そのような場合、僕は反論したりすることもあるが、正常な議論にならないなと思ったらスルーである。文句を言いたい人のことを気にしていたら、いくら時間があっても足りなくなる。

以前、ツイッターで「自称レストラン批評家」に絡まれて大変だったことがある。僕はあるトリュフご飯を出している店を評価していたのだが、彼はその店がトリュフだけでなくて、トリュフオイル（トリュフが入っているオリーブオイル）を使っていることが卑怯だと思っているらしいのだ。僕からすれば、美味しければいいと思うのだが、彼の正義感はそれを許さないようだった。

正義感というのは本当に厄介なもので、自分が正義だと思っていると、相手の反論すら許さず、とことんまでやってしまうのだ。炎上騒動で集まってくる人も全部、正義を振りかざしている。

ところが、正義というのは絶対的なものではなく、相対的なものだ。人によって価値観が異なるのだ。端《はな》から「金儲けは悪」と思い込んでいる人間も結構いるが、そうであれば資本主義の社会は成り立たないことになる。

自分が絶対的な正義だという前提では議論は成立しない。自分が色々言うのは勝手だとしても、相手にも言い分があるのだから、それも聞かなければならない。話が噛《か》み合わないと思ったら、スルーするしかないだろう。

忙しくしていれば、そういう悪口も物理的に対応できなくなる。いちいち対応していたら、時間の無駄だ。ちょっとへこんでも、そのうちに忘れてしまう。もっと楽しいことはたくさんあるから、悪口に構っていることはない。

悪口を言われると、ずっと引きずるほどショックを受けたりすることもあるが、相手のほうは、特に嫌いだとか深い考えがあってやっているのではないことも多い。もちろん悪口を言うような人を肯定するつもりは毛頭ないが、自分の時間を無駄にしないためにも、「悪口はスルー」が正しいのである。

26

一喜一憂は無意味

最近、従来のコンピュータの1億倍もの速度で計算ができる量子コンピュータが実用化され、話題になっているが、その量子コンピュータの技術の核にあるのが量子力学である。

その量子力学の世界には、「不確定性原理」という考え方がある。

20世紀の初め、ドイツの物理学者、ヴェルナー・ハイゼンベルクは、粒子に光を当て、跳ね返った光を顕微鏡で見ることによって粒子の位置と運動量を測定する思考実験をした。この場合、粒子に当てる光の波長を短くすると、位置の測定精度は高くなるが、その代わり、粒子は大きく跳ね返されて運動量が乱されてしまう。

反対に光の波長を長くすれば、位置の測定精度は悪くなるが、粒子の反跳は抑えられて運動量の乱れは小さくなる。

いずれにせよ、粒子の位置と運動量を同時に正確に測定する方法はないということになる。

ハイゼンベルクの不確定性原理の考え方は、未来についても当てはまる。未来は、様々な不確実性のもとに決定する。そもそも、未来を予測するという行為そのものが未来に影響を与えるのだから、予測などできるはずがないのだ。

幸福なことがおこるかもしれないし、不幸なことがおこるかもしれない。それは未来になってみないとわからないことだ。

未来について、現在の段階で確実に言えることはほとんどない。だから、予測できない未来について、あれこれ思案したり、実際におこった出来事について一喜一憂したりしていても仕方がないのだ。

だから､僕は未来については考えず、流れに身を任す。流れに身を任すといっても、何もしないわけではなくて、その時々で自分ができることに集中するのだ。そうすれば、何も不安に思うことがなく、今、やっていることの効率を最大限に高めることができる。そうすれば、自然と未来は切り開かれる。

感情のフィルターを通すと、物事の本質は曇ってしまう。常に平常心を保って、冷静な判断ができるようにしておきたい。

27

無心になって没頭できるものは何か?

僕は和牛の輸出会社を経営する浜田寿人《はまだひさと》さんと「ニッポンの和牛を世界へ」というコンセプトで「WAGYUMAFIA」というユニットを組んでいる。

このWAGYUMAFIAは会員制レストランも運営していて、そこで僕は時々、「肉磨き」というライブパフォーマンスをやっている。

肉磨きというのは、例えばフィレ肉の塊を持ってきて、お客さんの目の前で脂肪と筋を外しながら、部位の名称や美味しい理由を丁寧に説明するもの。

肉をバラしながら、「ここがフィレで、ここがシャトーブリアン。フィレ肉は使われていない筋肉だからすごく柔らかいんですけど、その中でも舌触りがいいのがシャトーブリアン」なんて説明をすると、お客さんが喜んでくれる。

僕は、この肉磨きの作業をしているとき、無心だ。雑念は消え去り、目の前の肉の塊に集中している。この時間が本当に心地いい。仮にイライラするようなことがあっても、肉磨きのあとは不思議と気持ちもすっきりしている。また、無心になって没頭することは、人からも評価されやすいのでお得だ。

僕はこれまでに何度もトライアスロンに挑戦しているが、これも自分が無心になれて完走すると人から賞賛される。トライアスロンのコツは、単純だ。事前に準備をしておいて、レース本番ではあきらめないで頑張る、というだけ。僕は1回のレースで体重が6キロも落ちたりするからダイエットにもなる。

他にも成功者の多くが「無心になる時間」を大切にしている。

アマゾンのジェフ・ベゾスは皿洗いについて「私がすることの中で最もセクシーなことだと、確信している」と語っている。

また、マイクロソフトの創業者、ビル・ゲイツも毎晩、夕食後に皿を洗う。他の人が代わりにしたいと申し出ても、ゲイツは自分の皿洗いのやり方が好きだと言って断るそうだ。

フェイスブックのマーク・ザッカーバーグは、毎晩、ユダヤ教に伝わる祈りの歌を歌って、娘を寝かしつけることを日課にしているという。

人は無心になると、精神的な満足度が高まり、人にもそれがシェアされる。やっていることは単純でも得られるものが多い。無心になれるものをいくつか見つけておくだけで、人生は楽しくラクになる。

28

ひとつの熟考より
3つの即決

ビジネスの現場でも日常生活でも、効率を低下させるもののひとつに「悩む」という行為がある。

よい結果を出そうとして、人は悩む。だが、「ああでもない。こうでもない」とやっているうちに思考は堂々巡りし、袋小路に入り込む。これでは何も考えていないのと同じである。こういう時間は無駄だ。だから、僕はビジネスの決裁からプライベートの買い物まで、いつも即断即決である。

かなり大きな予算が動くプロジェクトでも、打ち合わせの現場でポンポンと結論を出していく。悩んでいるうちに時間ばかりが過ぎてしまい、結果としてライバルに先を越されたり、機会を失ったりすることもある。だから、僕はひとつの熟考より3つの即決である。

僕の判断スピードがあまりに速いので「堀江さんは悩むことはないのですか？」と聞かれることもある。

僕だって普通の人間なので、感情的になることもあれば、どうすればいいのかわからないこともある。だが、感情的になったときに判断すると、ろくな結果を招かず、あとで後悔することが多い。だからこそ、僕は感情を排除し、理性の声に耳を傾けるよう常に心がけている。

一見複雑に見える事柄も冷静になって考えると本質はシンプルである。アインシュタインが考案した相対性理論だって、発表当初は世界のほとんどの人が理解できなかったほど難解な理論だったが、「$E=mc^2$」というシンプルな方程式で表現できる。物事の本質を捉え、ロジックを組み立てていけば、導き出される答えは案外、簡単なものにたどり着くはずだ。

即断即決をするために必要なルールはない。人間はルールに縛られると、作業がルーティン化してしまう。だが、ルーティン化した作業からはクリエイティブな結果は出せない。その時々で臨機応変に対応すればいいのだ。判断が間違うこともあるかもしれないが、そのときは、あとで修正したり、次に判断を下すときの反省材料にしたりすればいい。判断をどんどん進めて、前に進み、結果を出していくことが重要だ。

29

自分の心のバリアを外す

人との関係を深めるとき、相手が信用できるかどうか気にするのは当然だろう。

だが、自分は相手ではないのだから、原則的に相手の真意はわからない。だから、相手が信用できるかどうか深く考えても意味はない。この人なら信用できるという前提で話を進めていても、あとでとんでもないしっぺ返しをされることもあるだろう。

「信用できる」と思っても、あなたに信頼されるためのポーズをとっているのかもしれないし、嘘をついているかもしれない。あるいは、自分が追い込まれているときに真っ先に切られるかもしれない。だが、状況は変化するものだし、自分も相手も気持ちが常に変化している。最初は自分に誠意を尽くそうと思っていたけれども、状況が変化してそうもいかなくなったということはありうる。もう、それを責めても仕方がない。

僕自身、長い付き合いの人でも、相手の気持ちが読めないことは多々ある。「何でこんなところで怒るのか？」「今までそんなことを気にしていたのか？」ということが未だにあるのだ。だから、人の気持ちを理解できた気になるのは危険だ。

対人関係で自分にできることは、自分の心のバリアを外し、自分の気持ちや望んでいることを率直に伝えていくことしかない。

人間は何を考えているのかわからない人に対して、自分の殻を破ってさらけ出すのは怖い。だが、自分の考えをさらけ出すと、少なくとも相手は自分の気持ちを理解できるようになる。それから相手も安心して自分の気持ちを話してくれるようになるかもしれない。

自分の心のバリアを外せば、皆が心を開いてくれるわけではないが、仮に相手が心を開いてくれなくても別に損をするわけではないからガッカリしてはいけない。中には心を開いてくれる人もいて、そんなときにはコミュニケーションが円滑になる。

お互いに心のバリアを張っていては、いつまで経《た》っても何も進まない。こちらから心をさらけ出して、相手を安心させよう。

30

徹底的にパクれ！

何かアイデアを考えているのだが、なかなか妙案が浮かばない。そんな無駄な時間ばかり使っている人はいないだろうか。

こんなときには、うまくいっている先行事例を参考にさせてもらうのが一番だ。「オマージュ」という上品な言い方もあるが、「パクる」ぐらいの感覚でいい（もちろん法やルールなどに反しない範囲でだ）。

すでにうまくいっているものを取り入れるのだから、失敗する確率は低い。何もないところから革新的なサービスを生み出すのは、天才的なひらめきと運に恵まれていなければならないから難しい。

だが「パクる」というのは基本的には誰にでもできて、成功する確率も高くなる。そうであれば、まずパクればいいのだ。とにかく形にするところから始めるのが大事だ。

僕もライブドアを経営していたとき、新しいサービスを始める際、よく先行するサービスをパクっていたし、ライブドアのサービスが他社にパクられるということもあった。さらに言えば、よいサービスがあればパクるまでもなく、買収して取り込んでいた。そのほうが経営のスピードが速いのである。

　そもそもライブドアという社名も、言うならばパクリなのである。もともと僕が立ち上げた会社の商号は「オン・ザ・エッヂ」である。その後エッジ株式会社に商号変更したのち、２００２年に経営破綻した無料インターネットプロバイダーの「ライブドア」を、エッジが1億円で買収した。

　ライブドアは、エッジが買収するまでにテレビＣＭを流すなどして60億円もの広告費をかけていたために知名度が高かった。これを利用しない手はないと思い、社名をエッジからライブドアに変更した。結果、狙いは大当たりし、会社の知名度が一気に上がった。僕は1億円で60億円の広告効果を買うことに成功したのだ。

「パクる」というと聞こえが悪いが、優秀な経営者はパクることに長《た》けている。

　ソフトバンクの孫正義《そんまさよし》社長は、海外で成功したビジネスモデルを国内にいち早く持ち込む手法を「タイムマシン経営」と名づけている。ヤフージャパンもＳＢＩ証券もｉＰｈｏｎｅもアメリカで成功したサービスを日本に導入したものだ。

「ＴＴＰ」という概念を考案したのは、トリンプ・インターナショナル・ジャパン元社長の吉越《よしこし》浩一郎《こういちろう》さんだ。

「ＴＴＰ」とは「徹底的にパクる」の意味である。吉越さんは、残業削減、早朝会議、「さん」づけ運動など、数多くのユニークな社内制度を導入し、同社を大きく成長させたが、これらのアイデアは、他の会社が導入した制度をパクったものがほとんどなのだ。

当然、「パクる」といっても「まんまパクる」わけではない。何かしらのオリジナリティや差別化を図るのだから、サービスやアイデアのクオリティは上がる。

そもそも面白いアイデアを思いついたら、人に話したくなるのが人情というもの。例えば、食の世界では、最近、最先端を走っている有能な料理人も他の料理人が配信しているユーチューブやクックパッドを参考にしているという。誰でも美味しい料理がつくれるようになり、アイデア自体に価値がなくなってきているのだ。

そんな風潮で自分だけが秘密を抱えていても、いずれは他の人がバラしてしまうだろう。真似されてしまうだろう。そうであれば、率先して情報を公開して、拡散し、自分が中心になってしまうほうが知名度が高まってブランド力も高まる。

情報を公開し合って、皆でよい商品をつくっていったほうが楽しいし、社会の役に立つではないか。

第4章　なぜあなたは緊張に負けてしまうのか？

31

あがり症は、ただの心配性だ

社会は人間のネットワークでできている。生きていくためには人と接することは避けられない。まして、大きな仕事をしようとすれば、大勢の人の前で話をする必要がある。「人前では緊張する」などと言っている場合ではない。

僕は人前でほとんど緊張しない。テレビに出ても講演に呼ばれても、うまく話せないということはない。だからといって、僕は話し上手というわけでもない。言葉遣いも丁寧ではないし、例え話が上手だというわけでもないし、ユーモアのセンスが優れているわけでもない。しかし、まったく問題ない。僕はいつも言いたいことを言っているだけで、誰と話していても同じトーンだ。要はあがらなければ、いいのである。

人前で緊張するという人は、大勢から視線を向けられるのが、「怖い」ということなのだろうか。

そんな人は、次のように自問してほしい。

「視線で怪我をすることはあるか？」

「人前で恥ずかしい思いをして、死ぬことがあるか？」

これで、ネガティブな感情は少しおさまるはずだ。

そして、気持ちを落ち着かせることができたら、あとは十分準備をしよう。

緊張しないくらい、心配や不安をできる限りなくしていこう。

できれば手を動かしたり、体を動かしたりして作業を進めること。

感情に流されて悪いことばかり想像してしまうのは、ボーッと考える余裕があるからだ。「あれが必要だ」「これも揃えておこう」などとタスクをこなしていれば、不安に思う暇なんてなくなる。

具体的には、資料探しや、データ収集、発表前のイメージトレーニングなど、やることはいくらでもあるはずだ。

やるべきことをやったら、体調を整えるなり、気分転換するなり、違う仕事をするなりでいいじゃないか。

「失敗したらどうしよう」「馬鹿にされたら嫌だ」「否定されるのが怖い」……。

こんなマイナスの思考は、あなたの人生から可能な限り排除していこう。悪いことなんて想像しても意味はない。時間と気力の、単なる無駄遣いだ。

32

自信をつけたいなら「できること」を繰り返せ

緊張やあがり症は、自信をつければ自然となくなるとも言える。

自信をつけるには、実は小さなコツがある。

まずは自分の「できること」から、少しずつ小さな成功を積み上げていくことだ。

僕自身を振り返ると、大学1年のときに寮仲間の友人に誘われてヒッチハイクにハマった。それが、自信の源になってくれた。

高速道路のサービスエリアやパーキングエリアで休憩中のドライバーに片っ端から「次のパーキングエリアまででもいいので乗せていってください！」と声を掛けていく。そうすると、10台に1台ぐらいの割合で同乗させてくれるのだ。最悪でも30台に声を掛ければ乗せてもらうことができた。もちろん、見知らぬ人に声を掛けるのは緊張するし、勇気が必要だ。

自分は怪しい人間ではないし、ただお金に困った大学生のヒッチハイカーであること、疲れたら運転を代わることなどを誠心誠意伝える。今考えれば、仕事の営業と同じだ。

僕はこのヒッチハイクでの成功体験を積み重ねることで自分の殻を打ち破り、自信が持てるようになり、起業後も臆することなく営業ができるようになっていったのだ。

皆さんはヒッチハイクまでしなくてもいい。例えば、バーベキューパーティーを開くというのはどうだろう。

誰でもできることではあるが「定期的に、友人知人を招いてバーベキューをやる」という気合いの入った人は、なかなかいない。これを継続していると、そのうちにホスト役としての地位が確立され、自分の自信につながっていく。

つまり、多くの人がやっていることで自信を持つのは難しい。例えば、仕事や勉強は皆が必死にやっていることだ。そういうものは結局、給料などに直結しインセンティブがあって競争倍率が高い。そういう分野ですぐに頭角を現すのは大変だ。だから、お金に結びつかない趣味などで自信をつけるのがいい。

「自分はできるんだ」という自信が身につくと、無理に人に合わせたりすることもなく、人と裸のコミュニケーションができるようになるはずだ。

33

マンネリが
やる気をなくす

「何もやる気がおきない」

「無気力状態はどうしたらなおる？」

「モチベーションが上がらない」

こんな愚痴は、もう嫌というほど聞いてきた。

この理由は、ただひとこと「マンネリ」ということに尽きると思う。

これだけ日々いろんなことをやっている僕だって、「なんかつまらないな」「面白くないな」「やめちゃおうかな」と思うときがある。自分がやりたいと思って始めたことにもかかわらずだ。

そんなときは、新しいアイデアを試してみたり、違うことを始めてみたり、意識的にマンネリ感を打破するように行動している。


こういう話をすると必ず「ホリエモンだから、そんな自由な生き方、好きに仕事ができるんだ」という見当違いの思い込みで反論する人が現れる。

でもマンネリなんて、誰にでも簡単に打破できるはずだ。

やりたいことや実現したいことを少しやるだけで世界は変わるというのを、皆知らない。

何かと理由をつけて、やらない人が大多数なわけだが、ではそんな人たちにやる気をおこさせるにはどうしたらいいか。

これもよく聞かれる質問だが、ひとつの方法として「マメに褒める」ということは有効だと思う。

僕自身、会社を経営していたときは、部下を積極的に褒めるタイプではなかったが、今思えばもう少し意識的に褒めればよかったかなと感じている。

そもそも僕が、褒められて育ってきたわけではなく、どちらかといえば貶《けな》されて、その反骨心をパワーに成長してきたので、「褒められて育つ」という感覚にピンときていなかったのだろう。

でもやはり、人は褒められると嬉しいしやる気も出る。褒められて嫌な気分になる人はいない。

僕だってトライアスロンを完走して「すごいね」「頑張ったね」と言われる

と単純に嬉しいので次もやってやるぞと思うし、先日「R‐１ぐらんぷり２０１８」に出場したときも、「面白かった」「よかったよ」と言ってもらったりすると、俄然《がぜん》やる気が出た。

子どもは、機会を与えられて好きなことを褒められれば、どんどん主体的になって成長していく。僕ら大人だって、根本は子どもと同じだ。

ささいなことでも、小さな変化でもいいので、自分がやりたいことをやってみる。そして、それが人に褒められたり評価されたりするようなことであれば申し分ない。

日常で小さな自信を得るだけで、やる気は出るし、無気力になんかならないはずだ。

34

その日の課題は、その日のうちに解決する

プレッシャーや緊張が問題なのは、いつまでも引きずってしまうことだ。「どうしよう、どうしよう」なんて思っていると、活動のパフォーマンスが下がることになる。僕の場合は、その日の課題はその日のうちにすべて解決するから、何も引きずらない。

課題を解決するのは簡単。ただ決断するだけだ。

「ＡかＢか」で悩んで答えがなかなか出ないときは、まず決めてしまう。「とりあえず、Ａで行くか」という感じで構わない。

決断で悩むのは、「よりよい結果を出したい」、あるいは「失敗したくない」ということだろう。だが、ほとんどのことはやってみないとわからない。

Ａを選んで失敗したとしても、失敗したことで得られることもある。そこから、思わぬ鉱脈を掘り当てることもありうる。逆にＢを選んで成功したとしても、成功したことで慢心し、その後、大失敗するかもしれない。

最も必要なのは、展開を先に進めることだ。

起業を計画中の人から、こんな質問を受けたことがある。

「高齢の親を持つ子ども（50歳代など）をターゲットにした、高齢者の『リハビリ・トレーニング』とコミュニケーションを通じた『包括的なケアサービス』を提供したいと考えています。老人ホームなどへの営業の際、どちらに比重を置いてアピールすべきでしょうか？」

僕は、迷わずこうアドバイスした。

「迷うくらいなら、とりあえずすぐやれることをやってみるべき」

この質問者は、これからやりたいことも、それに向けてすべきこともかなり明確に把握していた。それなら、今できることをとにかくやっていくのが一番の近道だ。何が正解かなんて僕にもわからない。大事なことは、走りながら修正して改善していくことだ。

失敗を減らすために事前に情報収集したいという気持ちはわからなくもないが「100％失敗しない方法」なんて、ない。むしろ、そうやって迷うことで、時間を無駄にしてしまっているケースが多い。「その日の課題は、その日のうちに必ず解決」しながら、「見切り発車」で進んでいくべきだ。

35

コミュニケーションスキルなんていらない

緊張を和らげるため、自信をもって話すため、言い間違えなどを防ぐために、会話術やコミュニケーション術を学ぶ人がいる。そんな小手先のスキルなんて必要ない。とはいえ、コミュニケーション能力はやはり必要だろう。

では、コミュニケーション能力を高めるにはどうしたらいいだろうか？

結論から言うと、コミュニケーションのスキルは実は存在しない。必要なのは、「熱意と関心」である。

僕自身、話術のスキルを持っているわけではない。だが、僕はライブドアという上場企業を経営し、多くの社員を束ね仕事を進め、数々のディール（取引き）を成し遂げてきた。

なぜ、それができたかというと「世界一の会社をつくる」という大きな目標があったからだ。そのために必要なことは何でもしたのだ。だから、コミュ力はなくとも必要なコミュニケーションはしていたのである。

とても身近な例えで言うと「飲み会で話題が尽きない人」はコミュ力が高いのではなくてネタの引き出しが多いのである。

なぜ、ネタの引き出しが多いかというと、多くのことに関心があるからだ。自分の関心のあることであれば、その分野のことを調べるのは苦痛ではないはず。努力をしなくても、自然とその分野の知識が増え、人に教えられることも多くなる。

何も関心がある分野がなければ、とりあえず、何でもいいから情報を入れまくることだ。そうすると、「おや？」と思うものが現れるはず。それを突き詰めていくと、自分だけの情報の体系ができあがってくるだろう。自然と、それのどこがどのように面白いかを人に教えたくなるはずだ。話術などなくても、いきいきと話せるようになるだろう。大切なのは、中身だ。

そもそも、自分の中に話したいものが確固としてあれば、緊張なんかしないはず。それをストレートに伝えればいい。知識も、言いたいことも、たくさん抱えているはずなのだから。

たとえ、話し方がたどたどしくてもいい。自分が面白がってさえいれば、それは他人にも自然に伝わっていくものだから。

36

偉い人と話すとき萎縮しない方法

「堀江さんは、いつも堂々とふるまっていますが、緊張はしないのですか」などと聞かれることがある。

今はいろんな経験を積んできたこともあるので、緊張することはほぼないと言っていいだろう。

でも、若いときは偉い人や目上の人、知らない人と会うときは、人並みに緊張することもあった。タイプの女性と話すときなんかに、うまく話せなかったりオドオドしてしまったりという経験も、もちろんある。

僕のメルマガにも営業職の人から「友人と話すときは問題ないのですが、偉い人と話すと緊張してしまいます。どうすればいいでしょうか？」などといった質問が来ることがある。

先ほど、コミュニケーションスキルなんていらないと話したが、正直、緊張しないための即効薬はなく、とにかく場数を踏みなさいとしか言えない。

シンプルに言うなら「慣れ」だ。

「慣れる」ことで、そのシチュエーションにいつものメンタルで臨めるように体に覚え込ませるしかない。

だから、社内で上司と話す機会があるのなら、積極的に話せばいいし、多くの人を前にしたプレゼンもとにかく数をこなすしか上達の道はない。

すぐに緊張しなくなるわけではないが、やり続け、慣れることで必ずコミュニケーションはうまくなるし、プレゼンなどにも臆することなく臨めるようになる。

小手先のテクニックや話術なんてものはいらない。実用書を読んだりセミナーに行ったりする暇があったら、実践の場に出ることを意識しよう。それが最速の方法だ。

37

ゴルフは社交に役立つ

さて、年配のビジネスマンと緊張することなく円滑なコミュニケーションをしたいなら、ゴルフぐらい覚えておいたほうがいいだろう。昔から、オヤジと言えばゴルフ、ゴルフと言えばオヤジというぐらいにオヤジ世代はゴルフが大好きだ。

かくいう僕も2007年からゴルフを始めた。最初は友人に無理やり誘われて始めたが、ちょうどその頃はライブドア事件の裁判があったために仕事や目立ったことができず、それでも外には出たいので時間があったからゴルフばかりするようになった。だんだんとハマるようになり、ベストスコア84までいくほど上達した。

ゴルフは昔から世界中のビジネスマンに愛好されている。実際、僕もやってみて、「なるほど」と思うところがあり、「ゴルフ部」というソーシャルマッチングアプリまでプロデュースしたほどだ。

ゴルフは世界中どこでもできて、ルールも同じだ。発展途上国でもゴルフ場だけは整備されていて気持ちがいい。年を取ってもできるし、男女も問わない。

運動することで健康やストレス解消にいいこともあるが、社交の場としても非常に優れたスポーツである。

社交と言えば、飲み会もあるが、ゴルフは飲み会と違って、皆一緒にひとつのルールに従ってプレーするものだ。また、「紳士のスポーツ」と呼ばれるだけあって、ゴルフにはスコアを自己申告する制度がある。そういう健全なマナーのもと、プレーする者同士で一体感が生まれ、自然と仲がよくなりやすいのだ。僕もゴルフを通じて人と知り合い、ビジネスや友人関係に発展したケースが少なくない。

コンペに参加すると丸1日を一緒に過ごすことになる。また、奥が深いスポーツなので、ゴルフ好き同士は話題が尽きない。だから年上だろうと若い人だろうと、すんなりとコミュニケーションをとりやすい。

ゴルフの歴史は古く世界中の人がやっているだけあって、ハマるようにできている。僕も最初は「つまらないスポーツだ」という先入観があって毛嫌いしていたが、やってみて見事にハマったから間違いない。

第5章

恥をかいた分だけ成功に近づく

38

プライドを捨てよ!

必要なときや困ったときには、人に相談したりお願いをしたりするのが一番だ。「どう思われるか？」「恥ずかしい」などと気にするのは時間の無駄だ。

例えば、お金がなくて生活が苦しいとする。そんなときは、アパートやマンションをルームシェアすれば、生活費の大半を占める家賃を大幅に削減できる。シェアメイトなんて、ネット上の掲示板で探してもいい。シェアハウスに入居してもいいし、いっそ居候になってしまえば、家賃はタダだ。車がなければ人に借りればいいし、金がなければ人に借りればいい。プロジェクトを実現させたいならソーシャルなクラウドファンディングだってある。

僕も若い頃、お金がなかったときは人に頼って何とかしのいでいた。東大時代は親の仕送りが少なかったので、他の寮生と部屋をシェアする駒場寮に住んでいたが、家賃にあたる寮費は月に480円と破格の安さだった。お金はなかったが、友人とよくヒッチハイクをして旅行を楽しんでいたし、起業できたのも当時、付き合っていた彼女の父親に創業資金を借りられたからだった。

気軽に人に頼み事ができないのは、変なプライドが邪魔して、弱みを人に見せるのを恐れているのである。僕も昔は、自分の弱みを人に見せるのが嫌だったが、年齢を重ねるうちに羞恥心がなくなり、今では見栄も照れもなくなって、人に相談するのが苦痛ではなくなってきた。

どんなに時代が進んでも、どんなにテクノロジーが進化しても、ひとりで何でもできるわけではない。むしろ、できなくて当たり前。

かなえたい夢が大きくなればなるほど、その傾向は強くなる。だから、HIU（堀江貴文イノベーション大学校）という会員制コミュニケーションサロンでは、それぞれが「秀でている力」を発揮して、プロジェクトを進めている。

できないことは「できない」と仲間にさらけ出せばいい。そして自分が「できること」に全力を注げばいい。皆がそうすれば、社会はうまく回っていく。

それぞれが「強み」を活かすことに集中すればいいのだから、ストレスはゼロ。それに「一流」の力が集結するわけだから、全体のクオリティは相乗効果で飛躍的に上がる。何かを頼むときの緊張や不安だって、なくなる。自信をもって「できないことはできない」と言えば、誰もがラクに生きられる。

39

恥をかいても、忘れてしまえばいい

プレッシャーに弱い人は失敗することを恐れている。だが、失敗を恐れていては前に進むことができない。前に進まなければ、人生を切り開くことはできない。だから、成功したいのであれば、失敗に対する耐性を強めなくてはいけない。失敗に耐性のある人は、何度失敗しても蘇《よみがえ》ることができる。

では、どうしたら、失敗に対する耐性を強くすることができるだろうか？

一番の対処法は「忘れる」ことだ。

僕が好きなゴルフでも、1番ホールで大叩きして「やってしまった」と思っていると、2番ホールでも3番ホールでもまた大叩きしてしまう。だが、昼食を食べて気分転換して失敗を忘れることができると、不思議なもので、なぜかうまくいったりする。プロゴルファーの青木《あおき》功《いさお》さんは、「1番ホールで大叩きしたときは、全18ホールではなくて、全17ホールだと思って気持ちを入れ替えてプレーしろ」と言っている。

失敗をいつまでもクヨクヨしている人は、人間の本能に忠実に生きるべきだ。本来、嫌なことは一刻も早く頭から消し去りたいはずだ。だったら、その場で再発防止についてちゃんと考えたら、あとは忘れてしまえばいい。食欲があれば美味しいものを食べればいいし、疲れているならぐっすり眠ればいい。もうその時点で、過去は考えないことが大切だ。

僕自身、失敗したことを忘れるということは本能的にやっている。失敗したことを覚えているのは、次に失敗しないように行動を抑制する脳の機能なのだろうが、いつまでも引きずっていたら何もできない。次の行動をおこすために失敗したことを忘れるという機能も脳には備わっているはずなのだ。

また周囲の人の多くも、失敗なんて覚えていないのが現実だ。

例えば、ＪＡＬは２０１０年に倒産したが、今、そのことを思い出す人はほとんどいない。ＪＡＬの飛行機に搭乗する際、「この会社、前に倒産したんだよな」などといちいち思う人はいないだろう。

何かスキャンダルをおこしても、時間が経過すれば案外人々は忘れるものだ。そんなものなのだから、失敗や恥をいたずらに怖がらずに、もしそうなっても、結果を残し評価を塗り替えるだけという気持ちでいればいいのだ。

40

恥をかけばかくほど、仲間は増える

今、何かやってみたいことがあるとする。だが、ひとりでは何もできない。そんなときに必要なのが仲間だ。

仕事であれば、新たなプロジェクトを立ち上げるために、社内でも取引先でも仲間は必要だ。趣味などの活動でも仲間がいると楽しい。

僕は人間関係をフラットにしているが、仲間をつくらないというわけではない。その時々でプロジェクトごとに必要な仲間を集めているのだ。そのプロジェクトが終わって仲間との関係が疎遠になることもあれば、その後、復活することもある。

仲間をつくるためには、まず、「一緒にやってみませんか？」と声を掛けなければならない。

だが、これがなかなかできないという人が多いようだ。僕の場合は、仕事であれば人に声を掛けるのは躊躇《ちゅうちょ》なくできる。

できないのは、「拒絶されたらどうしよう」「変に思われたらどうしよう」と不安に思うからだ。つまり、変なプライドが邪魔して傷つきたくないのである。

これまで何度も述べているように、「人からどう思われているか？」というのは他者の課題であり、自分の人生を生きたいのであればただちに切り捨てるべきだ。

それに、実は人は他人から声を掛けられると嬉しく思うものだ。

なぜかというと、声を掛けてきた相手を受け入れるのか、拒否するのかを「自分で決められる」からだ。少なくとも相手は声を掛けてきてくれているのだから、拒否される心配はない。

だったら、積極的に声を掛けてみればいい。

いろんな理由で断られるかもしれないが、ショックを受けるのはその一瞬だけだ。相手だって、いつまでも覚えていることはない。また次のチャンスがどこかであるかもしれない。

自分からアクションをおこし、人に声を掛けるということに抵抗がある人は、プライドを捨て恥をかけばかくほど仲間が増えていくと思えばいいではないか。経験を積めば積むほど、人に断られる可能性もどんどん低くなるはずだ。

41

知らないことを
なぜ聞けない？

「馬鹿だと思われたくないから、知ったかぶりをする」

こんな人は意外に多い。

僕にはこの感覚が理解できない。なぜ知らないことがあると馬鹿と思われると決めつけているのだろう。

自分の専門外のことなのだから、知らなくて当然ではないか。

もちろん誰もが知っているであろう常識的な話を知らないのは問題外だし、相手と議論するための基本的な知識や情報を得ていないのはダメだと思う。

知らないことは恥ではない。知っているふりや「まあいいや」と知ろうとしないことが恥なのだ。

仕事ができ尊敬できる専門家ほど、こちらがわからないことを素直に質問すると、真摯に丁寧に答えてくれる。こちらのことを馬鹿だなんて、まったく思っていないだろう。

僕はこのあいだ、アーティスト集団チームラボの代表である猪子《いのこ》寿之《としゆき》くんと対談をする機会があった。そこで、「アート」について、これまでモヤモヤしていた素朴な疑問を投げ掛けた。

そのとき、ゾゾタウンの前澤友作《まえざわゆうさく》さんがバスキア（ジャンミシェル・バスキア。ニューヨーク生まれの画家）の絵を123億円で落札したこともあって、「この価値がわかんなくて。皆だって、美術の教科書を見て、『これはきれいな絵だな』ってのはもちろんあるけど、『何これ』ってのもぶっちゃけあると思うんだよね」と、「アートの価値」について教えてほしいとお願いした。

そこは、さすが猪子くんだった。わかりやすく納得できる話をしてくれて、本当に勉強になった。少し長くなるが、せっかくなので、ここでも紹介しておきたい。

猪子くんはまず、「歴史に名を残すのは革命家と科学者とアーティストだ」と言う。革命家や科学者が名を残すのは、理解できる。彼らはダイレクトに社会を変革するから。では、アーティストはどうやって社会を変革できるのか？

そこで例えに挙げたのが、アンディー・ウォーホルだ。

ウォーホルといえば、マリリン・モンローの肖像画やキャンベルのスープ缶のポップアートで有名だ。

ウォーホルがこれらの作品を世に送り出し始めたのは1960年代。この頃は「大量生産できるものは貧乏人のもの」という価値観が一般的だった。大量生産できるものはダサい、オーダーメイドのものはカッコいい、といった具合だ。

こうした価値観の世界に、ウォーホルはマリリン・モンローの肖像画やキャンベルのスープ缶の版画を大量につくりギャラリーに展示した。そして、若い世代の人たちは、これを「カッコいい」と評価した。こうなると、これまでの価値観が逆転することになる。

ウォーホル以前は、「希少性のあるものこそ価値がある」という世界。マリリン・モンローは当然誰もが知っている。キャンベルのスープ缶は大衆向けで、誰もが一度は飲んだことがある。

こうした「皆が知っているもの」を「カッコいい」「素敵な」アートとして認識させた。「ポピュラーであることがカッコいい」という概念を人々に示したのだった。

その結果、ラグジュアリーブランドのビジネスモデルが生まれることになったという。ルイ・ヴィトンにしても、当時はオーダーメイドしか手がけておらず、パリに3店舗しかなかったそうだ。つまり、富裕層しか相手にせず、希少性があることが価値だという世界観でビジネスをしていた。

ところが、ウォーホルの出現によって「大量生産されたものでも人気のあるものは価値がある」という考え方が広まり、ルイ・ヴィトンも既製品でも高級品として売るようになった。他のブランドも同様にビジネスモデルを変革させ、莫大な市場が生まれた。

だから、ウォーホルは歴史を変えたと言えるというのである。

そして、ここで「なぜ、バスキアの絵に100億円の価値があるのか」という話になる。

ウォーホルは、「美」を変え、価値観を変え、時代を変えた。20世紀後半のアートを説明しようとするとウォーホルを外すことはできない。ウォーホルの価値は揺るがない。下がることもない。それに、もうこの世にいないわけだから作品が増えることもない。だから、皆作品を手放さない。ウォーホルはもうマーケットに出てこない。そうなると自然と周辺の価値が上がる。

バスキアは、ウォーホルにとって影響力のある人物だったので（晩年まで刺激し合い、共同制作もしていた）、その周辺として価値が上がったという。

たったこれだけの質問で、僕の「美術」や「アート」についての興味は一気に強くなった。まだまだ勉強したいと思えたし、ビジネスに活かせるヒントも得られた。

「無知を恥」と思い込んでいるのなら、今すぐその考えを捨ててほしい。なんでも知っている人など、この世にはいないのだ。

しっかりとした質問をしようとすれば、それなりの知識や教養も必要になる。質問すればするほど、頭の中がアップデートされていくはずだ。質問しなくなったとき、あなたの成長は止まる。死ぬまで質問し続けよう。

42

対等の関係になろう

僕のところには「会ってください」というメッセージが日々大量に届くが、ほとんどは無視させてもらっている。特にメールが長文だったり、紙の手紙が届くと、絶対読まない。メールが長いと読むのに時間をとられてしまうし、紙の手紙は封を開けること自体が面倒である。何よりメリットがなければ会わない。

「こんな商品（サービス）を開発したのだが、堀江さんの知名度を活かして、拡散に無料で協力してほしい」

こんな依頼もよく受ける。

だが、なぜ自分が「面白い」と思っているわけでもないものを、広めることに「協力」しなければいけないのか理解に苦しむ。しかも見ず知らずの人からの依頼だ。それは、まったく「対等な関係」じゃない。

人に物事を頼むときに重要なことは、その人への思いをぶつけるのではなく、その人に「自分に協力するメリット」を感じてもらうことだ。

そのためには、相手のことを徹底的に分析しなければならない。そのうえで、自分が相手に何を与えることができるかを考えよう。

端的に言うと、まず「自分に協力して相手が得られるメリット」（相手が喜んでくれそうなこと）を5〜10パターン考える。そして、相手が喜んでくれるまでメリットをひとつずつ小出しにしてプレゼンする。

10も候補を用意していれば、相手に何かしら響くものがあるだろう。

僕は、このスタイルを昔から徹底している。だから、そのメリットを提示してこない人の無神経さが信じられない。いわば、僕に「タダ働き」を強制しているようなものだろう。

これは、学生であっても同じことだ。「若いから」といって、僕は無条件に優遇なんてしない。よく「堀江さんの鞄持ちをさせてください」と若い人に言われるが、僕からすると、そんなことはまったく求めちゃいない。

何をすれば相手が喜ぶのかを突き詰めて考えて、「見習い＝鞄持ち」という、古くさいイメージから脱却してほしい。

互いにメリットを与え合う。それが「対等の関係になる」ということだ。

43

他人のいい面だけを見よう

僕は人と接するとき、その人の「いい面」だけを見るようにしている。人間だから少なからず「悪い面」もあるが、そればかり見ていたら、親しくなれないし、仕事も進まない。いちいち傷ついていたら、何も進まない。

だから、人の「悪い面」を見てしまっても、「そういうものさ」と軽く受け流す。人の「いい面」だけを見ていたほうが生きやすい。

よく決まり文句のように「人に頼りたくない」という言葉を使う人がいるが、この考え方は危険だ。人は、社会性の中でしか生きられないように設計されている。つまり「人に頼ることなし」では生きられないのだ。

何より、他人に頼れない生き方なんて窮屈だ。人を信じられなければ、苦境に陥ったとき、誰の助けも借りられず自滅してしまう。

人は自分ひとりでは何もできない。人の価値は「いざというときに頼れる人の数」で決まると考えたほうがよいだろう。

普段から、人のネットワークを広げておこう。会社だけでなく、恋人や友人、趣味の仲間など、いつでも気軽に頼れる相談相手を持っておきたい。

会社の仕事に限らず、自分で仕事を立ち上げるときも同じこと。なんでも自分でやろうとするなんて、ナンセンスだ。

あるとき、こんな質問を受けたことがある。

「私は営業力しか自信がありません。他のスキルがまったくないまま起業してしまいました。どうしたら、ビジネスを軌道に乗せられるでしょうか？」

普通なら、「今から何かを勉強して知識やノウハウを得なさい」と助言するかもしれない。けれども僕は「優秀な技術者と組めばいいだけ」と回答した。

今から新たに「努力して能力を身につける」なんて、遠回りすぎる。時間や努力など、その人のリソースを無駄遣いして消耗するだけ。

それより、誰かに頼って仲間をつくればいい。頼る相手にもビジネスチャンスを与えているのだから、恥ずかしいことでもない。つまり、相手とは対等の「ウィンウィンの関係」。それこそ要領のいい生き方だろう。

誰もが、自分の「いい面」をうまく使う。言い換えれば「得意なこと」「強み」だけを活かし合う。そんな社会は、きっと幸せなはずだ。

44

自分とは違う「人種」と会おう

仲間をつくるとき、いったいどんな仲間が理想的だろうか。僕はできるだけ自分と普段接点のない人と、つながるべきだと思う。

普段、自分が付き合っている人間は、自分と同じような人種が多いはずだ。自分と同じような人種と付き合っていると、気がラクだが、趣味嗜好や考え方が同じだから同じような情報しか持っていないだろう。だが、それでは発展性がない。新しく知り合うなら、自分とはまったく違う人種がいい。

そんな話をすると「異業種交流会に出かけたらいいのだろう」と思われるかもしれないが、それはあまり意味がない。異業種交流会に行く人間は、主に人脈づくりを目的にしていると思うが、そういう意味では皆目的が一緒だ。打算的な話やたわいもない話に終始してしまい、有益な情報を得たり刺激的な出会いがあったりすることはほとんどない。僕は異業種交流会にスピーカーとして行ったことはあるが、人脈づくりの場として魅力を感じず、参加者として行ったことはない。

では、どんなところに行くべきかというと、例えば合コンだって立派な情報収集の場である。合コンで知り合う女の子は普段、自分が付き合っている仕事仲間とはまったく違う情報を持っている。そんな機会を逃さず、どんどん質問攻めにして貴重な情報を得るべきだ。彼女たちとの何気ない会話にビジネスチャンスが転がっていることもある。

今はほとんどの情報がネットに転がっているが、情報の量があまりに多くて自分が知れる範囲は自分の関心のある分野だけだ。思いもかけない重要な情報は自分とは違う人種から教えてもらうしかないのだ。

スマートフォンを持っている人なら、誰でも入れているアプリのひとつにＬＩＮＥがある。２０１７年末の時点でＬＩＮＥの国内月間アクティブユーザー数は７３００万人である。日本人のほとんどの人はＬＩＮＥを使っている。

今、ＬＩＮＥを使ったビジネスはたくさんあるが、どうせやるならできるだけ早く始めておいたほうが有利だ。だが、多くのビジネスパーソンがＬＩＮＥの重要性を知るようになったのは、サービス開始からかなり遅れてのことだった。

ＬＩＮＥはサービスが開始されたのが２０１１年６月。情報感度の高い中高生の女の子たちを中心とする若い世代は、同年７月ぐらいには知っていた。世の大人たちにその存在が知られるようになったのは同年暮れぐらいのことだろう。

僕はＬＩＮＥをサービス開始の直後にはすでに知っていた。僕は当時、刑務所に入所したばかりだったが、面会に来てくれた女の子からＬＩＮＥのことを教えてもらったのだ。残念ながら、当時の僕は刑務所にいたから何もできなかったが、シャバにいればただちにビジネスを立ち上げていたはずだ。

自分の知らない情報を得るには、自分の知らない世界に飛び込んでみるのが一番だ。知り合いから面白そうなイベントに誘われて、参加するのか、しないのか。イベント会場で積極的に話をするのか、会場の隅で傍観者になるのか。

それらはささいな選択だが、人生はそうした小さな選択の積み重ねによって決まってくる。

45

コンプレックスをさらけ出せ！

コンプレックス（劣等感）に悩む人は多いだろう。もしかしたら人間の悩みの大半はこれが理由かもしれない。コンプレックスがない人はいないだろうし、気づいたら他人と比べて違いや差にへこんでを繰り返す。

僕はなぜか、コンプレックスがなさそうに見えるらしいが、そんなことは全然ない。飲みの場などでユーモアがあってモテる人は羨ましいし、自分もああなりたいなと、いつも思う。運動神経がいい人、歌がうまい人、ダンスがうまい人……を見ると劣等感を抱く。前から言っているが、自分ではコンプレックスの塊だと思っている。

コンプレックスの話になると、よく「自分は自分なのだから、他人と比較する必要はない」といったりする。それも一理あるのだが、僕は「他人と比べることで、それに近づけるよう努力するしかない」と思う。

自分の現在の実力を正確に理解して、然《しか》るべき努力をする。これがまっとうなコンプレックスへの対処法なはずだ。

自分の理想や願望があるから何かにコンプレックスを抱くわけで、そこから逃げるのではなく、その気持ちをポジティブに捉え成長させるべきだ。

僕自身は他人を羨ましいなとは思うけど、羨ましいからこそ頑張ってこの人みたいになろうとして生きてきたし、悔しいから足を引っ張ってやろうとか思ったことがない。

本書のはじめにサッチャーの名言として「金持ちを貧乏にしても、貧乏な人は金持ちにならない」という言葉を紹介したが、コンプレックスについても同じようなことが言えて、「能力のある人の足を引っ張ったって、自分の能力が高くなるわけではない」ということだ。

あとはコンプレックスをさらけ出すことで物事がうまく進むことも多々ある。変に突っ張らずに自分の弱みを見せることで、コミュニケーションが円滑に進んだり、仲よくなったり関係が近づいたりとメリットも多いのだ。

僕もあなたも、きっと死ぬまでコンプレックスはなくならないのだから、うまく活かして利用して、自分が成長できるように思考を変えていくのが賢い生き方だと思う。

第6章 他者への優しさだけは忘れてはならない

46

こんな僕だって、優しさに救われてきた

本書では「人の目なんか気にするな」「自分のことだけ考えろ」などと散々述べてきた。だが、それは「傍若無人に振る舞え」とか「露悪趣味を持て」とすすめているのではない。ひとりひとりが心の殻を破って自由に生きることで、その人の持っている能力を最大限に活かし、それが最終的には社会のために還元されることを願っているのだ。

人はひとりでは生きていけない。人の支えが必要だ。僕自身、ライブドア事件がおこって刑務所に閉じ込められてから、そのことを再認識させられた。

東京地検特捜部に逮捕された僕は、小菅《こすげ》にある東京拘置所に収監された。最初のうちは検事を前にして罵声を浴びせ、ストレス発散を兼ねて粋がっていた僕だったが、それが終わると独居房に連れて行かれる。壁には窓も時計すらなく、便器はむき出しという部屋で僕は孤独との闘いを強いられた。

ある日、弁護士たちがいつものように面会にやってきたとき、彼らは2枚の色紙を携えていた。

色紙にはライブドアの社員たちによる応援メッセージがびっしりと書き込まれていた。そこには目をかけていたプログラマーの名前やよく怒鳴っていた社員の名前が並んでいた。

「がんばってください」

「信じています」

色とりどりのペンで書かれた個性豊かな筆跡を読んでいるうちに、僕の心は決壊した。とめどなく涙が溢れてくる。いつの間にか、僕は面会室で号泣していた。そんなに泣いたのは、生まれて初めてのことだったかもしれない。

事件によってすべてを失ったかのように思えたが、僕は何も失ってはいなかったのだ。僕にはこんなにも熱い、最高の仲間がいたではないか。

ライブドアの社員というだけで、堀江の部下だというだけで彼らは世間から白い目で見られていることだろう。だが、彼らは僕を信じて、こんなにも励ましてくれているのだ。僕は独居房にひとりでいたが、心と心は通じ合い、仲間に囲まれていた。そんな事実を確認できたのだった。

47

あなたの優しさが、人を救うことがある

拘置所では、こんな経験もあった。

僕の最大の天敵は「孤独」だ。拘置所だと、特に週末は取り調べも弁護士の面会もなく、誰とも会うことができない。

シャバにいれば仕事をしたり飲みに行ったりして気を紛らわすこともできるだろうが、独房ではそれは許されない。

あまりに何もすることがないから、シャバにいたときには忙しくて忘れていた「死の恐怖」に苦しめられた。ひたすら自分と向き合うことしかできない。

そんな状態に追い込まれると、本当に頭がおかしくなってしまいそうになる。

金曜日の夜を目前に僕はついに睡眠薬と精神安定剤を処方してもらうことにした。睡眠薬は効果てきめんでぐっすり眠れる。「こんなものに頼っていたら、ダメになるんじゃないか」と不安になったが、勾留期間が延びてくると、どうしても手を出してしまう。そんなギリギリの状態で思い出深いのが、時々面会室に護送してくれた若い刑務官だった。

僕が眠れなくて悶々としていた深夜のことだ。

目が冴えてしまってまったく眠れない。早く寝ようと思うほど精神が高ぶってくる。

そんなとき、規則正しくコツコツと響く足音がした。自分の唸り声が漏れ聞こえてしまったのだろうか。その刑務官はドアの横にある食器を出し入れする小さな穴から囁くように語りかけてくれた。

「僕はどうすることもできないけれど、どうしても寂しくて我慢できなくなったら、話し相手になるよ。短い時間だったら、大丈夫だから」

その若い刑務官は、たったひとこと、声を掛けてくれただけだが、僕はそれで随分と救われた。

人を救うのにお金も努力も必要ない。悩みを解決できなくたっていいのだ。もがき苦しんでいる人がいたら、ひとことでいいから声を掛けてあげよう。

僕もシャバに出てからは、心がけていることだ。

48

感謝も本音で！

人生は順調にいっているときはいいけれど、当然うまくいかないときもある。そんなときは恐れ、不安、焦りなど、ネガティブな感情に支配されやすい。

それらの多くは「自分は人からどう思われているか」という考えから生まれることが多いが、実は他人はあなたのことなんて興味がないのだ。強い人というのは、皆、本能的にこのことを知っていて、人のことは気にせず、自分のするべきことだけに注力し、常に結果を出し続けている。

「周囲にふりまわされない心」と同時に「感謝する心」を持っている人は最強だ。

「ありがとう！」と言って、気分を害する人はいないし、損することもない。だったら、いつでも誰にでも「ありがとう！」で通してみよう。自分の周りからどんどんと敵がいなくなるはずだ。

もちろん、心の中で「ありがとう」と念じるだけじゃ、意味がない。僕はとても口下手だけど、本当に感謝していると思ったら「ありがとう」と伝える。本音で伝えている。おべっかなどは言わないから、ある意味わかりやすい。

感謝といえば、最近引退を表明された、音楽プロデューサーの小室哲哉《こむろてつや》さん。この場を借りてお礼を言いたいし、エールを送りたい。

僕がライブドアの代表を務めていた90年代後半、小室ファミリーのサイトづくりなどをお手伝いさせてもらった。後に僕が逮捕されたときは、僕のことで小室さんが曲をつくってくださったこともある。

だから「無理なさらずゆっくり生活してほしい」と願うと同時に、「落ち着いたら復活してほしい」と、心からのエールを送りたい。

僕は、心から感謝できる人と、本音で関わって仕事をしていきたい。そんな姿勢こそ、よりよく生きることに直結するだろう。

49

他者を巻き込んで生きていく

ある認知心理学者によれば、人間の知覚は通常、視覚や聴覚から得られる大量の情報を処理することに慣れきっており、突然、孤独状態に置かれると、情報が遮断され、様々な神経システムが脳に存在し得ない情報を送り込むようになり、脳に異変が生じるのだそうだ。

これが進行すると、脳が少ない情報から現実を構築しようとして、幻覚や幻聴に悩まされるようになるという。

人間は、他人や社会と接することで様々な感情を持ち、補完し合い、感情を進化させてきた。だから、孤独に追い込まれると、自我が崩壊してしまう。

また、孤独は気分を害するだけでなく、健康にも有害で適切な社会的関係がなければ人は2倍早く死ぬという研究結果もある。

人はひとりでは生きていけない。どんなに有能でお金があったとしても、孤独であったら、生きている意味などないだろう。人間には仲間の存在が必要だ。だから、他者への優しさや思いやりだけは忘れてはいけないのだ。

僕自身、他者を巻き込んで生きていくのが楽しいし、すべてにおいてこれがモチベーションにもなっている。

僕は実業家として、色々な事業を手がけているが、仕事のやり方は特に難しいものではない。

まず、こんなサービスが流行るんじゃないかと仮説を立てる。実際にやってみると、多くの人が僕のアイデアを受け入れ、喜んでくれる。それを見るのが楽しいのだ。

そして、人々の反応を見ながらそのサービスがもっと発展するように手を加える。仕事が8～9割方完成に近づくと、また次の事業を始めたくなる。次の事業は前よりもっと難易度が高いほうが僕としてもやりがいがある。

時に失敗や挫折もあるが、過去は振り返らない。未来のことだけを考えて全速力で駆け抜ける。

では「それは何のためにやっているのだろうか」と考えると、皆とつながり、皆と笑顔をわかち合いたいからだ。

よく誤解されているが、僕は金儲けを目的に仕事したことは一度もない。僕が手がけてきた事業はすべてそれを通じて人々に嬉しい気分になってほしいという願いからスタートしている。

僕は矛盾と不合理に満ちた世界を少しでも明るく楽しい場所にしたいのだ。学生時代にインターネットの存在を知って「これだ！」と確信し、起業したのもテクノロジーの力で社会を前に進めるための一歩だった。

テクノロジーの進歩は止まらない。ＩｏＴや量子コンピュータ、遺伝子工学など、社会のあり方を一変させるテクノロジーの新しい波が次々と押し寄せている。僕らがやるべき仕事はますます増えている。

僕の目に映る未来は希望の光で照らされた明るい世界だ。

僕も人々の明るい笑顔で満ちた世界を実現するため、仲間とともに走っていく。多くの人が、僕とともに「世界を変えていく旅」に参加してくれることを期待している。

堀江貴文《ほりえ・たかふみ》

1972年、福岡県生まれ。実業家。SNS media&consulting株式会社ファウンダー。1991年、東京大学に入学（後に中退）。在学中の1996年、有限会社オン・ザ・エッヂ（後のライブドア）設立。2002年、旧ライブドアから営業権を取得。2004年、社名を株式会社ライブドアに変更し、代表取締役社長CEOとなる。2006年1月、証券取引法違反で逮捕。2011年4月、懲役2年6カ月の実刑が確定。2013年3月に仮釈放。現在は、宇宙ロケットの開発やスマホアプリのプロデュース、有料メールマガジン「堀江貴文のブログでは言えない話」の配信、会員制コミュニケーションサロン「堀江貴文イノベーション大学校」の運営など、幅広く活躍。主な著書に、『ゼロ』（ダイヤモンド社）、『本音で生きる』（SB新書）、『99%の会社はいらない』（ベスト新書）、『すべての教育は「洗脳」である』（光文社新書）、『多動力』（幻冬舎）、『好きなことだけで生きていく。』（ポプラ新書）など多数。

ポプラ新書
146
自分のことだけ考える。
無駄なものにふりまわされないメンタル術
2018年3月27日 第1刷発行

著者
堀江貴文
発行者
長谷川 均
編集
村上峻亮
発行所
株式会社 ポプラ社
〒160-8565 東京都新宿区大京町22-1
電話 03-3357-2212(営業) 03-3357-2305(編集)
振替 00140-3-149271
一般書出版局ホームページ www.webasta.jp
ブックデザイン
鈴木成一デザイン室
印刷・製本
図書印刷株式会社

N.D.C.159/204P/18cm ISBN978-4-591-15831-9

好きなことだけで生きていく。

堀江貴文

「断言しよう。人は好きなことだけして生きていける。それは、例外なく、あなたも――」。12万部突破！　他人、時間、組織、お金、欲望などにふりまわされず、自分の「好き」を生きがいにするため、どう考え、どう行動すればいいのかをホリエモンが明快に説く！　最初の一歩を踏みだすことができない不器用な人たちに勇気を与える最強の人生指南書。

秩序なき時代の知性

佐藤 優

佐藤優が今もっとも注目するさまざまな分野のプロフェッショナルたち。古い常識や思想を超え今の時代を摑むには、新しい知性が必要。権力になびかず時代を嘆くこともない、最先端の柔軟な思考は、先の見えない時代を生きるうえでの力強い助けになるはずだ。

生きるとは共に未来を語ること　共に希望を語ること

昭和二十二年、ポプラ社は、戦後の荒廃した東京の焼け跡を目のあたりにし、次の世代の日本を創るべき子どもたちが、ポプラ（白楊）の樹のように、まっすぐにすくすくと成長することを願って、児童図書専門出版社として創業いたしました。

創業以来、すでに六十六年の歳月が経ち、何人たりとも予測できない不透明な世界が出現してしまいました。

この未曾有の混迷と閉塞感におおいつくされた日本の現状を鑑みるにつけ、私どもは出版人としていかなる国家像、いかなる日本人像、そしてグローバル化しボーダレス化した世界的状況の裡で、いかなる人類像を創造しなければならないかという、大命題に応えるべく、強靭な志をもち、共に未来を語り共に希望を語りあえる状況を創ることこそ、私どもに課せられた最大の使命だと考えます。

ポプラ社は創業の原点にもどり、人々がすこやかにすくすくと、生きる喜びを感じられる世界を実現させることに希いと祈りをこめて、ここにポプラ新書を創刊するものです。

未来への挑戦！

平成二十五年　九月吉日　　株式会社ポプラ社